Luka Medi : "GOTT" - ein Sinnbild? ... ! wofür?

AF221272

Seit Tausenden von Jahren ist für die Menschheit das Sprechen und Denken von Gott ganz selbstverständlich gewesen. Die bestehenden Weltbilder harmonierten damit. Diese Harmonie ist in den letzten Jahrhunderten zunehmend zerbrochen. Welches Denken und Sprechen von Gott ist unserem heutigen Weltbild angemessen? Eine extrem reduzierte Geschichtsbetrachtung von Denkweisen, Weltbildern und Gottesvorstellungen führt zu umbrechenden Antworten.

Luka Medi

"GOTT" - ein Sinnbild?... !

wofür ?

Bibliografische Information der Deutschen Nationalbibliothek:
Die Deutsche Nationalbibliothek verzeichnet diese Publikation in der
Deutschen Nationalbibliografie; detaillierte bibliografische Daten sind
im Internet über http://dnb.dnb.de abrufbar.

Herstellung und Verlag: BoD – Books on Demand, Norderstedt

ISBN: 9783752625868

Inhaltsverzeichnis

Vorfragen

Geister und Götter wurden seit mindestens 10.000 Jahren ganz selbstverständlich als Begleiter im menschlichem Leben gesehen. Die Welt galt als irgendwann einmal erschaffen und unveränderlich. Nach den Erkenntnissen in den letzten Jahrhunderten über die Entwicklung des Kosmos' und des Lebens auf der Erde hat sich diese Sichtweise der Welt grundlegend geändert. Haben damit auch die Vorstellungen von Gott ausgedient?

Wird hierzulande einer zufälligen Personengruppe die Frage gestellt, was für den Glauben von Christen besonders charakteristisch ist, dann kommen höchstwahrscheinlich Antworten wie solche: Sie glauben, dass Christus der Sohn Gottes ist. Sie glauben, dass Christus von den Toten auferstanden ist. Sie glauben an ein ewiges Leben nach dem Tod. Etwas weniger wahrscheinlich sind Antworten wie: Sie glauben, dass Gott alle Menschen liebt. Sie glauben, dass der Kreuzestod von Jesus die Menschen von aller Schuld erlöst hat. Mit geringer Wahrscheinlichkeit ist die Antwort zu erwarten: Sie sind um Nächstenliebe bemüht. Ziemlich unwahrscheinlich wird sein: Sie versuchen, ihre Feinde zu lieben.

Ist das Christentum korrekturbedürftig? Andere Religionen auch?

Hinweise

Dieses Buch ist vorrangig für mich selbst verfasst. Es ist eine Selbstbetrachtung meines jetzigen persönlichen Glaubens, der über Jahrzehnte gewachsen ist. Eventuell wird dieses persönliche Denk-, Welt- und Glaubensmodell[1] auch den einen oder anderen[2] in mancher Weise zum Nachdenken anregen können.

Hier ist nun Aufhören oder Weiterlesen möglich.

Dort, wo ungewohnte Gedanken auftreten, oder wenn ungewohnt formuliert wird, sollten diese Abschnitte eventuell mehrmals gelesen und dabei eigene Formulierungen versucht werden. Bei Unklarheiten oder Interesse für Details sind auf jeden Fall eigene Recherchen zu empfehlen, zweckmäßigerweise im Internet - oder der Text wird alternativ einfach in die Ecke geworfen. Das schließt ja ein späteres Aufheben nicht aus.

Einführung

Alle Bestandteile von Zivilisationen, also von Kultur im weitesten Sinn, beeinflussen sich gegenseitig in den kulturell-zivilisatorischen Entwicklungen. Religionen waren in allen bisherigen Kulturen ein sehr wesentlicher Bestandteil. Werden sie das auch zukünftig sein? Wenn ja, auf welche Art?

Die Vergangenheit ist eindeutig festgelegt. Die Zukunft ist in vieler Hinsicht offen. Künftige Entwicklungen sind nie genau voraussagbar. Um den Trend von künftigen Entwicklungen wenigsten etwas abzuschätzen, ist die Kenntnis der Entwicklungsgeschichte unverzichtbar.

Dabei reicht es nicht, Religionen isoliert für sich zu betrachten. Von den vielen Teilbereichen der gesamten Zivilisationskultur haben Denkweise (in grundsätzlicher Art

---

[1] Modelle sind vor allem aus den Bereichen Wissenschaft und Technik bekannt. Religiöse Anschauungen als Modell zu bezeichnen, ist (noch) ungewöhnlich. Dabei ist der Modellbegriff für religiöse Vorstellungen besonders zutreffend.

[2] es sind ganz selbstverständlich stets alle Geschlechtsformen gemeint

und grundsätzlichem Vermögen) und Weltbild wohl eine besonders enge Bindung zur Religion. Diese drei Bereiche sind deshalb Betrachtungsgegenstand.

Das Thema ist zweifellos tiefgreifend. Es berührt einen sehr großen Gefühls- und Wissensbereich. Eine umfassende Antwort ist damit sowieso unmöglich. Das Überlegen richtet sich auf "große Linien" der Entwicklungsprozesse. Geschichte als Ansammlung unendlich vieler und durchaus interessanter Details ist unter diesem Aspekt wenig hilfreich. Nur im Versuch des Auswählens vermutlich wesentlicher Elemente der Vergangenheit kann eine Chance entstehen, die Richtung des ausgesuchten Entwicklungsprozesses einigermaßen zutreffend abzuschätzen. Dem entsprechend wird versucht Details wegzulassen, die den Blick auf das Ganze eher verstellen würden. Falls trotzdem Details beschrieben werden, sind diese vielleicht unscharf oder entsprechen nicht der letzten Erkenntnis. Das dürfte wegen der Konzentration auf "große Linien" den Kern der Gesamtaussage aber kaum berühren.

Zuerst wird ein minimaler geschichtlicher Rahmen aufgezeichnet. Er enthält nur ganz wenige Ereignisse der Geschichte, die als wesentlich für den Problemkreis angesehen werden. In diesem Rahmen werden dann die bisherigen Entwicklungen von Denkweisen, Weltbildern und Gottesvorstellungen nacheinander eingefügt. Durch dieses Nebeneinander wird zwar einerseits etwas zerrissen, was zusammengehört, andererseits besteht jedoch der Vorteil, sich erst einmal auf den jeweiligen Teilbereich konzentrieren zu können. Danach kann eine Bilanz gezogen werden, auf welcher schließlich eine Richtung zur Beantwortung der aufgeworfenen Fragen angedeutet werden kann.

Vorkurs zu abstrakten Begriffen

Eingangs ist festzuhalten, dass Denken und Sprechen als Einheit angesehen werden. Mit den Begriffen, in denen gedacht wird, wird gesprochen. Und mit den Begriffen, in denen gesprochen wird, wird gedacht.

Jeder verwendet konkrete Begriffe, um Dinge zu bezeichnen, welche gesehen, berührt oder mit anderen Sinnen wahrgenommen werden können. Entsprechende Beispiele sind überflüssig. Im Gegensatz dazu werden abstrakte Begriffe unterschieden, und zwar auf zwei Arten.

Die erste Art abstrakter Begriffe bezeichnet Dinge, die nicht gesehen, nicht berührt und nicht mit unseren anderen Sinnen wahrgenommen werden können. Beispiele sind: Gefühle wie Freude oder Wut, Frieden, Gefahr, Gewalt, Wunder, Geist, Seele, Gewissen, Geister, Götter, Gott[1].

Die zweite Art abstrakter Begriffe entsteht durch Weglassen von speziellen Eigenschaften konkreter Dinge mit gleichzeitiger Konzentration auf bestimmte wesentliche gemeinschaftliche Eigenschaften. Beispiel 1: Aus den konkreten Gewächsen Eiche, Linde, Kiefer usw. kann der abstrakte Begriff Baum gebildet werden. Beispiel 2: Aus den konkreten Gewächsen Bäume, Sträucher, Moose u.a. kann der abstrakte Begriff Wald gebildet werden. Bei dieser zweiten Art der Bildung abstrakter Begriffe gibt es also auch Mehrstufigkeit. Was dabei ein konkreter Begriff und was abstrakter Begriff ist, muss hier aus dem Zusammenhang erschlossen werden. Die Abstraktheit ist weniger eindeutig wie bei den abstrakten Begriffen der ersten Art.

---

[1] Natürlich können Ursachen oder Auswirkungen bei einigen dieser Begriffe mit dem einem oder anderen Sinn wahrgenommen werden. Der Inhalt des Begriffs ist jedoch nicht den Sinnen zugänglich.

Teil 1: Ein Zeitrahmen

Ein großer Sprung der Denkfähigkeiten

Die sogenannten Vormenschen, unter anderem charakterisiert durch aufrechten Gang, bevölkerten die Erde vor ca. 7 Mio. Jahren bis vor ca. 1 Mio. Jahren. Vor ca. 2 Mio. Jahren bis vor ca. 400.000 Jahren (in Asien sogar bis vor ca. 30.000 Jahren) lebten die sogenannten Frühmenschen. Dann gab es den sogenannten Altmenschen von vor ca. 1 Mio Jahren bis vor ca. 30.000 Jahren, zu denen auch der Neandertaler gehörte. Der sogenannte moderne Mensch begann vor ca. 200.000 Jahren seine biologische Existenz.

Es gab also Zeiten, in denen die genannten Arten (übrigens mit vielen Unterarten) gemeinsam die Erde bevölkerten. Ob sich die Lebensräume unterschiedlicher Arten auch örtlich überschnitten, ist weitestgehend unbekannt. Nur von Begegnungen des Neandertalers mit modernen Menschen in Europa wissen wir inzwischen aus Genanalysen. Diese beweisen entsprechende Paarungen.

Vormenschen, Frühmenschen und Altmenschen zeigen wachsende Gehirnvolumen. Sprache und Denken waren aber noch nicht vorhanden. Erst der moderne Mensch entwickelt allmählich eine Sprache und damit Denken in zunächst archaischen Formen. Diese Ursprache dürfte ca. 200.000 Jahre alt sein, also gemeinsam mit dem Auftreten des modernen Menschen entstanden sein. Inhaltlich ausgefüllt war dieses Sprechen und Denken wahrscheinlich fast ausschließlich mit Problemen des Überlebens. Es war ein ausschließlich konkretes Denken auf primitive Art.

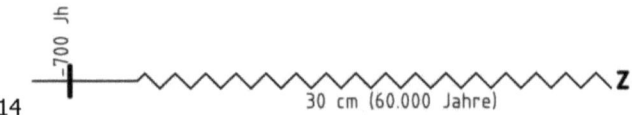

30 cm (60.000 Jahre)

Diese Denk- und Sprach-Entwicklung erreichte dann vor ca. 70.000 Jahren[1] ein Stadium, in welchem erstmals abstraktes Denken (der ersten oben beschriebenen Art) möglich und wirklich wurde. Das ganze war ein enormer Sprung im menschlichen Erkenntnisvermögen, eine sogenannte "kognitive Revolution".

Die neuen Fähigkeiten des Gehirns machten nun ganz neue Formen des Sprechens miteinander möglich. Neben der Weitergabe konkreter Sachinformationen war es nun auch möglich, allgemeine Vorstellungen zu entwickeln und diese in Erzählungen weiterzugeben.

Neben lebenserhaltende Tätigkeiten traten nun auch erste künstlerische Ausdrucksformen. Erzeugung und Beherrschung des Feuers, deutlich verbesserte Werkzeuge und Jagdwaffen, Schmuck, Grabstöcke, Felszeichnungen sind einige aus der folgenden Zeit aufgefundenen Zeugnisse.

Die Sesshaftwerdung

Auch nach dem großen Denksprung zogen unsere Vorfahren in Gruppen von maximal 50 Personen als Jäger und Sammler durch die Lande. Ausgehend von Afrika besiedelten sie mit dieser Zivilisationsform vor ca. 50.000 Jahren über Indien und Indonesien das australische Gebiet, vor ca. 30.000 Jahren Europa und vor ca. 10.000 Jahren über Ostsibirien und Alaska den gesamten amerikanischen Kontinent.

Vor etwa 12.000 Jahren begann im arabischen Raum eine umwälzende Änderung in der menschlichen Lebensweise. Aus umherziehenden Jägern und Sammlern wurden allmählich sesshafte Ackerbauern und Viehzüchter,

---

[1] Hier beginnt der unten über jeweils zwei Seiten gezeigte Zeitstrahl, der noch genauer erläutert wird.

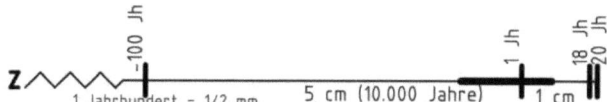

dann auch Handwerker. Das landwirtschaftliche Zeitalter begann mit dieser "neolithischen Revolution". Erfindungen wie Rad, Holzpflug, Webstuhl, Töpferei gehören in diese Zeit. Die Größe von Siedlungen, die Arbeitsteilung und die soziale Schichtung wuchs. Aus einigen Siedlungen wuchsen Städte. Aus einigen Siedlungsführern wurden Herrscher, welche Siedlungen und Städte zu Reichen formten. Dann entstanden sogar Großreiche wie China und Ägypten. Die Ausbreitung der landwirtschaftlichen Lebensweise, welche grundlegend für diese neuen Zivilisationsformen war, zog sich weltweit bis ca. 1000 v.Chr. hin.

Beginn der Jahreszählung

Die heute weltweit gebräuchlichste Zeitrechnung ist der Gregorianische Kalender (seit 1582), welcher auf christlicher Zeitrechnung basiert. Diese wurde etwa um 500 nach dem (damals etwas falsch berechneten) Geburtsjahr von Jesus definiert.

Das Leben von Jesu brachte zunächst keinen deutlich bemerkbaren Einschnitt in die Weltgeschichte. Das änderte sich ab 380 als das Christentum als Staatsreligion im Römischen Reich festgelegt wurde.

Die Bedeutung von Jesus wird bei der Entwicklung der Religionen noch zu behandeln sein. Hier sollte zunächst nur das Jahr 1 des Zeitrahmens genannt sein.

Die industrielle Revolution

Nachdem insbesondere Kopernikus und Galilei im 16. Jh. sowie Newton im 17. Jh. die Grundlagen der modernen Naturwissenschaft gelegt hatten, zog im späten 18. Jh. die auf diesen Wissenschaften beruhende Technik in die handwerklichen Tätigkeiten ein. Spinnmaschine, mechanischer Webstuhl und Dampfmaschine wurden entwickelt.

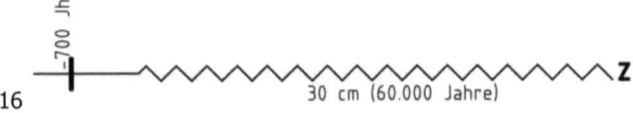

30 cm (60.000 Jahre)

Im 19. Jh. begann dann die industrielle Massenproduktion, welche Landwirtschaft und Handwerk als hauptsächliche Wirtschaftsbereiche ablöste.

Neue wissenschaftliche Entdeckungen, neue technische Erfindungen und neue Produktionsmethoden bilden seitdem einen andauernden Prozess, dessen Ende nicht abzusehen ist. Anwendungen der Elektrotechnik (Strom in Wirtschaft und Haushalten), der Elektronik und Quantentheorie (Radio, Fernsehen, Computer, Internet, Smartphon), der Raketentechnik und der Relativitätstheorie (gemeinsam beim GPS) sind nur einige markante Beispiele dieser Entwicklung, in der wir uns befinden.

Der Prozess der industriellen Revolution vollzieht sich auf der Grundlage der Wissenschaftsentwicklung, zunächst insbesondere jener in Physik und Chemie. Inzwischen sind Biologie, die gegenseitige Durchdringung der genannten Zweige und die Unterstützung all dieser durch die Informationstechnologie hinzugekommen.

Die Quantenphysik

Am Anfang des 20. Jh. wurde die Entwicklung der Physik als nahezu abgeschlossen betrachtet. Hinwendungen zur Kosmologie und zum Aufbau der Materie brachten dann überraschende Einsichten.

In der Welt der großen Himmelskörper sind Raum und Zeit nicht unabhängig, sondern miteinander gekoppelt und von der Geschwindigkeit des Beobachters abhängig. Das erkannte Einstein und formulierte es mathematisch in seinen beiden Relativitätstheorien. Diese entsprechen in keiner Weise unseren Alltagserfahrungen, sind inzwischen aber experimentell und in praktischen Anwendungen (z.B. GPS, Raumfahrt) immer wieder bestätigt worden.

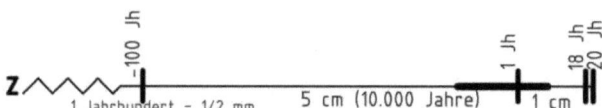

Kurze Zeit später entdeckte Planck in der subatomaren Welt der "kleinen Teilchen", dass Energie nicht beliebig teilbar ist, sondern es kleinste Energieportionen gibt, die Quanten. Es folgten weitere Erkenntnisse wie die Wellen- und Teilcheneigenschaften aller Grundbausteine der Materie und die untrennbar zusammenhängenden Eigenschaften räumlich weit entfernter Quanten. Damit und durch viele andere Erkenntnisse wurde klar, dass Materie in ihren Grundbausteinen keine feste Substanz ist. Diese Erkenntnisse der Quantenphysik sind völlig unanschaulich und paradox, dem Durchschnittsmenschen praktisch unvorstellbar. Andererseits sind sie durch viele Experimente und weitverbreitete technische Anwendungen (Laser, integrierte Schaltkreise in allen Handys und Computern, medizinische Diagnostik) bestätigt.

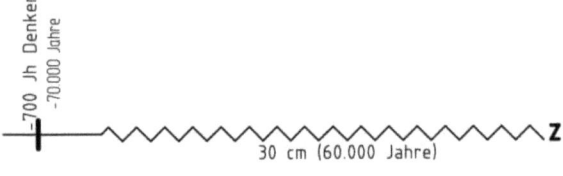

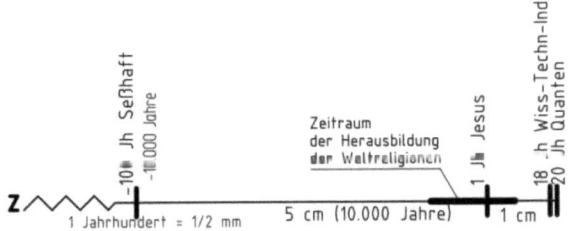

Der Zeitstrahl dient der Veranschaulichung von Zeiträumen und wird in diesem und den folgenden Kapiteln in textlich reduzierter Form in den gegenüberliegenden Fußzeilen angezeigt.
(vgl. auch die folgende Zusammenfassung)

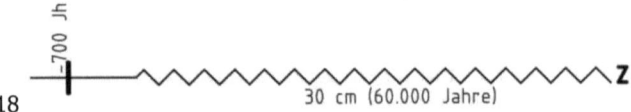

Zusammenfassung
des zeitlichen Rahmens

- Seit etwa 200.000 Jahren (das sind 2.000 Jahrhunderte bzw. etwa 10.000 Generationen) leben im biologischen Sinn heutige Menschen. Sie verfügten wahrscheinlich bereits über eine Ursprache.

- Vor etwa 70.000 Jahren (das sind 700 Jahrhunderte bzw. etwa 3.500 Generationen) begannen erstmals Menschen in abstrakter Weise zu denken.
  (**"-700 Jh Denken"**[1])

- Vor etwa 12.000 Jahren (das sind 120 Jahrhunderte bzw. 600 Generationen) begannen die ersten Sesshaftwerdungen, was Landwirtschaft und Handwerk, Städte und Reiche, vertiefte soziale Schichten zur Folge hatte.
  (**"-100 Jh Seßhaft"**, 100 Jh = 120 Jh- 20 Jh)

- Die moderne Zeitrechnung bezog das Jahr 1 auf Jesus (vor 20 Jahrhunderten bzw. etwa 100 Generationen).
  (**"1 Jh Jesus"**)

- Seit dem 18. Jh. leben wir in der fortdauernden Phase der industriellen Revolution, basierend auf Natur- und Technikwissenschaft.
  (**"18 Jh Wiss-Techn-Ind"**)

- Darin eingebettet ist seit Beginn des 20. Jh. die Entwicklung der Quantenphysik, welche die Grundbausteine der Welt in ein ganz neues Licht rückt.
  (**"20 Jh Quanten"**)

---

[1] im folgenden verwendete Zeit-Abkürzungen

Z   -100 Jh   1 Jahrhundert = 1/2 mm   5 cm (10.000 Jahre)   1 Jh   1 cm   18 Jh   20 Jh

Teil 2: Evolution von Denkweisen

Der dargelegte Zeitrahmen ist mit seinen Ereignissen die Basis, um grundlegenden Änderungen bei Denkweisen, Weltbildern und Religionen anlässlich dieser Ereignisse nachzugehen.

Zunächst soll das nur für die Denkweisen geschehen, und zwar aus gutem Grund zeitlich rückwärts[1], also ausgehend von der heutigen Art zu denken.

Alle auf uns zukommenden Informationen werden mit dem Denken geordnet. Dieses Ordnen geschieht nach Mustern, die mit dem Weltbild zusammenhängen. Unter mehreren Mustern im Denkprozess wird hier nur die Einordnung von Sinnbildern betrachtet.

Denkweise nach "18 Jh Wiss-Techn-Ind"

Wir unterscheiden in Denken und Sprechen klar Tatsachen, besonders die messbaren, von sinnbildlichen (mythischen) Bezeichnungen. Letztere gehören zu den abstrakten Begriffen (der ersten Art). Ein Beispiel für eine Tatsache ist, dass die Erde annähernd kugelförmig ist. Messbar bzw. berechenbar sind Umfang und Gewicht. Tatsachen gelten wissenschaftlich und auch erfahrungsgemäß als sicher. Ein Beispiel einer sinnbildlichen Gestalt ist die Hexe im Märchen. Niemand (außer Kinder in einem frühen Alter) erwartet, dieser Gestalt wirklich zu begegnen, sie tatsächlich sehen oder anfassen zu können. Jeder weiß, dass sie als ein bildhafter Ausdruck des Bösen gilt. Viele werden aber zugeben müssen, dieser Hexe im übertragenen Sinn irgendwann in irgendeiner Form (durchaus auch männlich) schon einmal begegnet zu sein.

---

[1] Damit kann deutlich herausgestellt werden, was es vorher <u>nicht</u> gab.

-700 Jh

30 cm (60.000 Jahre)

Diese klare gedankliche Unterscheidung zwischen Tatsachen und sinnbildlichen Darstellungen gab es nicht immer. Sie ist sogar sehr jung. Die Menschen haben diese bewusste Unterscheidung erst in den letzten zwei, drei Jahrhunderten gelernt. Der Anlass dafür war mit dem Ereignis "**18 Jh Wiss-Techn-Ind**" verbunden. Technik funktioniert nur, wenn sie naturwissenschaftlichen Tatsachen entspricht. Dazu war und ist wissenschaftliches Denken unerlässlich. Es enthält in umfassender Form folgende Merkmale[1]:

- Erkennen oder Entwickeln von Problemstellungen
- Formulieren von Fragestellungen
- Entwickeln von Hypothesen
- Konstruieren oder Anpassen von Untersuchungsmaterial
- Erzeugen (z.B. im Experiment) und Auswerten von Daten
- Ziehen von Schlussfolgerungen
- kritische Einordnung und Besprechung der Ergebnisse

Weder Shakespeare noch Luther kannten im 16.Jahrhunder dieses wissenschaftlich-methodische Denken. Die wissenschaftliche Denkweise begann sich damals

---

[1]TU München, "Wissenschaftliches Denken":
https://www.clearinghouse.edu.tum.de/glossar/wissenschaftliches-denken/, 3.10.2020
[nach: Fischer u.a.: Scientific Reasoning and Argumentation: Advancing an Interdisciplinary Research Agenda in Education, Frontline Learning Research 5 (2014) 28-45 ISSN 2295-3159]

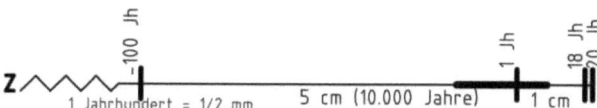

mit Galilei u.a. erst zaghaft zu entwickeln. Ein Jahrhundert später geschah dann mit Newton der Durchbruch naturwissenschaftlicher Denkweise, zunächst in den Kreisen der Natur- und Technikwissenschaftler. Für Goethe (17./18 Jh.) zum Beispiel scheint sie noch ziemlich fremd gewesen zu sein. Erst mit dem Beginn der Industrialisierung nach 1850 begann diese Denkweise sich mehr und mehr zu vertiefen und auszubreiten. Heute dominiert diese Denkweise (oft unbewusst und selten in umfassender Form) das gewöhnliche Alltagsdenken, zumindest in den Industrienationen.

Mit dem wissenschaftlichem Denken begann eine vorher nie da gewesene begriffliche Eindeutigkeit im Lebensbereich von Naturwissenschaft und Technik. Sinnbildliche Begriffe haben dagegen stets Mehrdeutigkeiten. Das ist leicht ersichtlich, wenn man sich über den sinnbildlichen Charakter eines Begriffes bewusst ist. Fehlt dieses Bewusstsein zum Sinnbild, ergibt sich die Gefahr, sinnbildliche Begriffe unbewusst auch mit dieser oder jener Eindeutigkeit zu belegen.

Denkweise vor "18 Jh Wiss-Techn-Ind"

Welche Denkweise war aber vorher üblich? Es gab keine Naturwissenschaft im heutigen Sinn. Damit gab es natürlich auch nicht die naturwissenschaftliche Fragestellung nach exakten Fakten mit Messbarkeit und Berechenbarkeit. Dies ist heutigen Menschen zwar schwer vorstellbar, aber es konnte keine derart klare gedankliche Unterscheidung zwischen Fakten und Sinnbildern geben. Beides wurde in Einheit, Zusammengehörigkeit, Verwobenheit gedacht. Mythische Erzählungen und konkretes Alltagsleben waren Teile einer ungetrennten Wirklichkeit. Es gab

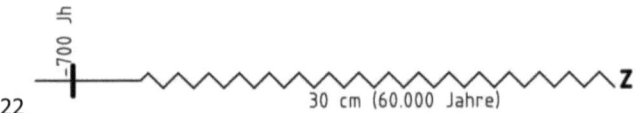

30 cm (60.000 Jahre)

ein in enger Einheit vermischtes konkretes und sinnbildliches Denken.

Bei den antiken griechischen Philosophen (um 600-400 v.Chr.) gab es zwar schon einmal erste Ansätze zum rationalen Denken. Dieses Denken lehnte zum Beispiel Götter als direkte Urheber aller Naturerscheinungen ab. Allerdings gab es noch keine Gedanken von Gesetzmäßigkeiten in der Natur. Es wurde statt dessen nach einem göttlichen Grundprinzip gesucht, welches sich überall ausdrückt. Diese Suche erfolgte rein gedanklich, wenig über Beobachtungen und überhaupt nicht mit Experimenten. Insofern war es überwiegend spekulatives Denken. Zwar hatten Geometrie, Mathematik und Astronomie manche erstaunlichen Erkenntnisse aufzuweisen, im modernen wissenschaftlichen Sinn konnten sie aber noch nicht betrieben werden. Technische Anwendungen blieben Ausnahmen.

Für die griechischen Philosophen hatten ihre Ideen eine höhere Wirklichkeit als die Materie. Zu dieser Zeit wurden auch die Begriffe Geist und Seele geprägt. Beiden wurde mehr Bedeutung beigemessen als dem stofflichen (biologischen) Körper.

Auch das Denken der griechischen Philosophen muss wohl trotz der rationalen Denkansätze als Einheit konkreter und sinnbildlicher Begriffe angesehen werden. Im breiten Volk, dem das philosophische Denken dieser Philosophenschulen absichtlich verheimlicht wurde, war das sowieso der Fall.

In der Renaissance erfolgte die Wiederentdeckung der griechischen Philosophen in Europa. Ihre Ansätze zum rationalen Denken waren ein großer Impuls für die Aufklärung und die Entstehung des wissenschaftlichen Denkens.

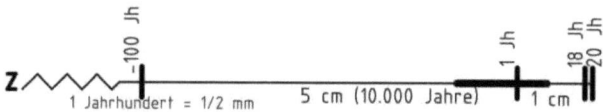

1 Jahrhundert = 1/2 mm   5 cm (10.000 Jahre)   1 cm

Denkweise vor "-100 Jh Sesshaft "

Natürlich konnte es auch vor **"-100 Jh Sesshaft"** nur diese Einheit von konkretem und sinnbildlichem Denken geben. Es war ab **"-770 Jh Denken"** mit der Möglichkeit der Bildung sinnbildlicher Begriffe entstanden.

Diese Denkweise dauerte in ihrer prinzipiellen Art bis **"18 Jh Wiss-Techn-Ind"**. Es gab zwar in dieser Zeit Entwicklungen auf allen Ebenen einschließlich des Denkens, der Sprache und des Bewusstseins[1]. Es gab aber keine grundlegende Trennung von sinnbildlichem und konkretem Denken.

Das verwobene Denken von konkreten und sinnbildlichen Inhalten dauerte in seiner prinzipiellen Art den langen Zeitraum von "-700 Jh Denken" bis "18 Jh Wiss-Techn-Ind".

Denkweise vor "-700 Jh Denken"

Von den Ursprüngen der biologischen Form heutiger Menschen bis **"-700 Jh Denken"** entwickelten sich primitive Denk- und Sprachweisen wahrscheinlich in langsamer Kontinuität. Die Anfänge von Sprache und Denken sind ca. 200.000 Jahre alt (also -2000 Jh). Inhalte dieses menschlichen Austauschs waren konkrete wirklich existierende Dinge aus dem Lebensalltag. Denken und Sprechen dienten wahrscheinlich ausschließlich dem Erhalt des Lebens von sich selbst, den Nachkommen und einer kleinen Lebensgemeinschaft. Es war die Phase eines rein sachlich konkreten Denkens.

---

[1] Die Entwicklungen des Bewusstseins ist natürlich eng mit der des Denkens verknüpft. Für die Bewusstseinsentwicklung gibt es verschiedene Modelle, auf die hier nur hingewiesen werden soll.

-700 Jh

30 cm (60.000 Jahre)   Z

Das Aufkommen von sinnbildlichen Begriffen bei "**-700 Jh Denken**" bedeutete eine ganz neue Qualität im Denken und Sprechen. Nur damit wurde es möglich, Ziele, Vorstellungen, Überzeugungen, Ideale, Erzählungen und viele weitere Zivilisationselemente zu formulieren. Die Bedeutung dieses Qualitätssprunges ist kaum überzubewerten.

Zusammenfassung Denkweisen

- Vor "**-700 Jh Denken**" existiert eine Phase rein sachlich konkreten Denkens.

- Durch die neue Fähigkeit, neben konkreten Begriffen auch sinnbildliche Begriffe im Denken (und Sprechen) zu verwenden, beginnt um "**-700 Jh Denken**" ein langer Zeitraum, in dem sachlich konkretes Denken und sinnbildliches Denken eine in sich verwobene Einheit bilden. Sie geht bis etwa "**18 Jh Wiss-Techn-Ind**".

- Durch das Aufkommen naturwissenschaftlichen Denkens beginnt dann die Phase des Denkens mit zunehmend klarer Unterscheidung zwischen wissenschaftlich konkretem Denken und sinnbildlichem Denken.

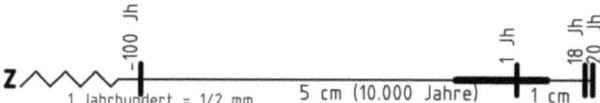

Teil 3: Evolution von Weltbildern

Der Begriff Weltbild ist abstrakt in beiderlei Art. Zum einen können wir dieses Bild nicht einfach sehen oder mit anderen Sinnen erfassen. Zum zweiten ist er eine verallgemeinerte Zusammenfassung allen bisher erworbenen Wissens. Es bildet hiermit einen Orientierungsrahmen unseres gesamten Denkens.

Altertümliches Weltbild

Das ausschließlich sachlich konkrete Denken vor "**-700 Jh Denken**" erlaubte keine Vorstellungen vom Aufbau einer Welt, die mehr war als die erlebte. Das wurde erst möglich mit der Fähigkeit, sinnbildliche Begriffe zu bilden. Diese Fähigkeit musste jedoch nicht sofort zwangsläufig dazu führen, denkend ein Weltbild zu entwerfen.

Was erlebten die Menschen über den Alltag der Lebenssicherung hinaus? Der Wechsel von Tag und Nacht, der Zyklus der immer sich wiederholenden Mondphasen, des Sterben von Gruppenmitgliedern und die Geburt neuer und dann heranwachsender Gruppenmitglieder gehörten sicher zu den prägendsten Grunderfahrungen. Man lebte auf der Erde, bestattete die Verstobenen in der Erde, sah Sonne, Mond und Sterne am Himmel. So waren die Räume Erde, "unter der Erde" und Himmel ganz natürlich Bestandteile eines Denkens, das später zu einem Weltbild führen konnte.

Durch "**-100 Sesshaft**", die darauf folgende tiefere Arbeitsteilung und die größere Differenzierung des Denkens konnten sich Vorstellungen über den Aufbau der Welt als Ganzes bilden. Aus Babylon ist eine erste grafische Darstellung eines Weltbildes aus der Zeit 2000 v.Chr. (also -20 Jh.) bekannt .

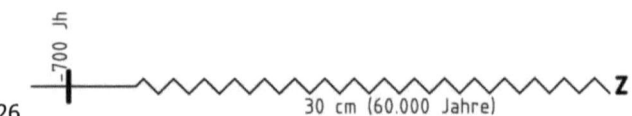

30 cm (60.000 Jahre)

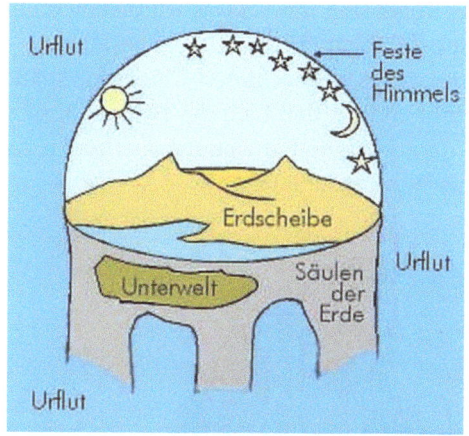

"Schöpfungsmythos und Naturwissenschaft",
http://www.planet-des-lebens.de/genesis/ , 3.10.2020

Die drei abgegrenzten Bereiche Unterwelt, gestützte Erdscheibe und Himmelsschale werden durch eine Urflut umgeben. Dieses Weltbild ging auch in die Schöpfungsgeschichten der Bibel ein.

Naturgemäß hatten die ersten Weltbilder ihren Ausgangspunkt beim Beobachter. Der eigene Lebensraum stand im Mittelpunkt. Unterwelt und Kosmos als nicht zugängliche Umgebung mussten durch sinnbildliche Vorstellungen beschrieben werden.

In den Dynastien des ägyptischen Großreiches, wandelte sich die Unterwelt in ein etwas allgemeineres Jenseits. Das Zeitdenken in Zyklen dürfte weiterhin dominiert haben.

Ptolemäisches / geozentrische Weltbild

Der griechische Philosoph Aristoteles kam um 600 v.Chr. durch verschiedene Beobachtung zu dem Schluss,

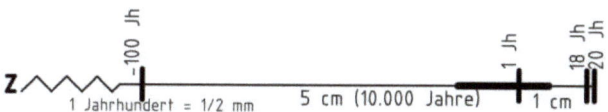

dass die Erde eine Kugel sein müsse. Das wurde von da an in Gelehrtenkreisen durchgängig als gültig angesehen.

Seit etwa 3000 v.Chr. beobachteten Chinesen, später auch Babylonier und andere, den Lauf der Himmelkörper. Sie entwickelten daraus sogar Berechnungsmethoden zur Vorhersage kosmischer Konstellationen.

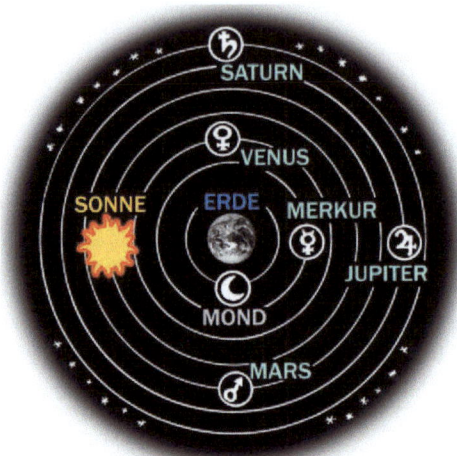

Ralf Roleček,"wikipedia, Claudius Ptolomäus", https://de.wikipedia.org/wiki/Claudius_Ptolem%C3%A4us , 3.10.2020

Um 150 n.Chr. fasste Ptolemäus diese Erkenntnisse in einem nach ihm benannten Weltbild zusammen. Nach wie vor stand die Erde im Zentrum, jetzt in Kugelform. Mond, Planeten und die Sonne kreisten um sie herum. Die Sterne befinden sich in einer äußeren Hülle der Welt.

Unterwelt und Jenseits sind im Bild nicht vorhanden. Sie gehörten aber nach wie vor zum gedanklichen Weltbild dieser und folgenden Zeiten bis nahe "**18 Jh Wiss-Techn-Ind**".

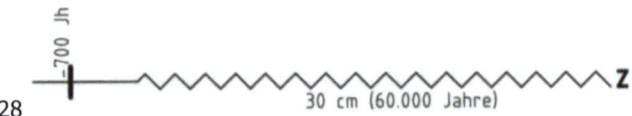

Das naturwissenschaftliche Weltbild

Mit Kopernikus im 16. Jh., und wenig später durch Galilei, wurde klar, dass die Erde als Mittelpunkt ein schlecht geeigneter Bezugspunkt sei. Die Bewegungen der bekannten Himmelskörper konnten mathematisch viel einfacher mit dem Bezugspunkt Sonne im Zentrum beschrieben werden. Damit war das uns heute selbstverständliche heliozentrische Weltbild entstanden.

Das war aber nur der Start in ein viel umfassenderes neues Weltbild. Das naturwissenschaftliche Fragen, Beobachten und systematische Experimentieren wurde durch Galilei und Zeitgenossen begonnen. Mit den von Newton physikalisch-mathematisch formulierten Bewegungsgesetzen nahm die Entwicklung dieses Weltbildes dann eine nicht mehr anzuhaltende Fahrt auf. Physik und Chemie gingen voran und ermöglichten "**18 Jh Wiss-Techn-Ind**".

Damit war die ehemalige, im wesentlichen statische Weltsicht zu Ende. Von nun an war klar: Die ganze Welt befindet sich in einem vielfältigen dynamischen Entwicklungsprozess.

Darwin spürte in diesem industriellem Aufschwung um 1860 die Abläufe der biologischen Evolution auf. Damit war die ehemalige, im wesentlichen statische Weltsicht zu Ende. Von nun an war klar: Die ganze Welt befindet sich in einem vielfältigen dynamischen Entwicklungsprozess. Es dauerte zwar einige Jahrzehnte, bis diese Tatsache in der breiten Masse angekommen war. Vereinzelt wird sie heute noch von religiösen Extremisten bezweifelt. Das ist nebensächlich. Dieses Weltbild ist das heute allgemein anerkannte.

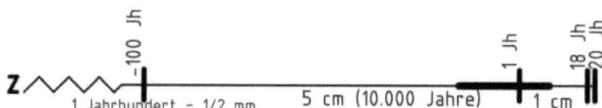

Manche meinen, dieses Weltbild sei ein perfektes und es sei nur eine Frage der Zeit, bis der Mensch mit Hilfe der Wissenschaft alle Weltzusammenhänge erkundet hat. Das ist aber ganz sicher eine Illusion. Mit jedem Wissensgewinn treten neue Fragen und Probleme auf, die auf Erforschung warten. Unsere Erkenntnisse gelten zudem nur für die ca. 5% des Universums, welche aus Atomen bestehen. Die Erkenntnisse der Physik stufen heute 23% des Universums als "Dunkle Materie" und 72% als "Dunkle Energie" ein. Von diesen 95% des Universums wissen wir so gut wie nichts. Nur die Massenanziehungskraft der "Dunklen Materie" kann beobachtet werden. Und ohne "Dunkle Energie" gibt es keine Erklärung der beobachtbaren zunehmenden Ausdehnungsgeschwindigkeit des Universum.

Neben diesen und anderen physikalisch-astronomischen Lücken, gibt es in anderen Wissenschaften wie Medizin, Hirnforschung, Psychologie, Sozialwissenschaften usw. sehr, sehr viele offene Fragen. Es wäre vermessen anzunehmen, dass einige Antworten nicht zu einem neuen oder zumindest erweiterten Weltbild führen müssen. Ein Beispiel dafür folgt sogleich.

Das quantenphysikalische Weltbild

Ein solches Weltbild gibt es erst in Ansätzen bei einigen wenigen Menschen. Um eine verständliche philosophische Auslegung von quantenphysikalischen Entdeckungen wird gerungen. Die Schwierigkeit besteht darin, dass für die Vorgänge unterhalb der atomaren Materiezustände keine anschaulichen Begriffe aus der Alltagswelt vorhanden sind.

Über Atome ist die Vorstellung weit verbreitet, dass um einen positiv geladenen Kern negativ geladene Elektronenteilchen kreisen. Der Kern wird dabei aus einem Ge-

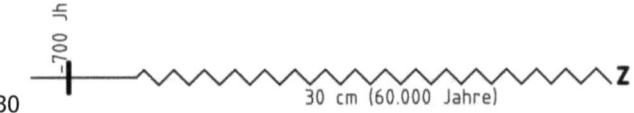

30 cm (60.000 Jahre)

misch von Protonen- und Neutronenteilchen gedacht. Diese anschauliche Vorstellung analog der Planetenbewegung um die Sonne ist über einhundert Jahre alt. Mit dem nach Bohr benanntem Modell können manche Atomeigenschaften auch erklärt werden, viele andere aber nicht. Diese Modellvorstellung muss somit als eine nur sehr grobe Annäherung an die Wirklichkeit eingestuft werden. Das Modell ist nicht ganz falsch, hat aber enge Anwendungsgrenzen.

Die Elektronen als Teilchen zu betrachten, entspricht auch nur der halben Wirklichkeit. Elektronen verhalten sich in der Wirklichkeit in zwei verschiedenen Arten: manchmal wie kleine Teilchen, manchmal wie elektromagnetische Wellen. Das kann eine Vorstellung aus dem Alltag ein wenig illustrieren: Ein Stein wird in einen ruhigen See geworfen. Der Stein ist dann weg und es breiten sich Wellen nach allen Seiten aus. Wie wird aus den Wellen aber wieder ein fliegender Stein? Also ist dieser Alltagsvergleich unzureichend.

Die Elektronen verhalten sich aber noch merkwürdiger. Der Beobachter im Experiment beeinflusst das beobachtete Verhalten des Elektrons. Schaut er auf eine bestimmte Stelle, dann beobachtet er an anderer Stelle Teilchen, schaut er nicht auf diese Stelle, beobachtet er dort Wellen ("Doppelspaltexperiment"). Eine weitere Kuriosität: Wenn die Geschwindigkeit eines Elektrons gemessen wird, ist es prinzipiell unmöglich, den aktuellen Ort des Elektrons zu bestimmen. Oder wenn der genaue augenblickliche Ort bestimmt wird, kann die Geschwindigkeit prinzipiell nicht gemessen werden ("Unschärfe").

Das Elektron ist eines von mehreren sogenannten Quantenobjekten. Zu diesen zählen auch Photonen (die das sichtbare und unsichtbare Licht "tragen", "verkör-

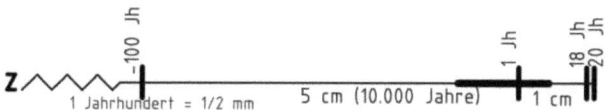

pern", "darstellen"), Quarks (die u.a. die Bestandteile des Atomkerns bilden, also die Protonen und Neutronen) und die anderen Elementar"teilchen". Alle diese "Teilchen" haben die beim Elektron beschriebenen Quanteneigenschaften: Teilchen-Welle-Dualismus und Unschärfe. Deshalb ist die Bezeichnung als "Teilchen" streng genommen irreführend. Aber sie hat sich in Ermanglung eines entsprechenden Alltagsbegriffes eingebürgert. Die Bezeichnung "Teilchen" ist hier ein Sinnbild.

Die genannten, höchst merkwürdigen Quanteneigenschaften können nicht nur bei Quantenobjekten, sondern sogar an zusammengesetzten Objekten (Atome, Moleküle) beobachtet werden.

Quantensysteme zeigen noch ein weiteres ganz erstaunliches Verhalten. Wenn eine Eigenschaft eines Quants (verallgemeinerte Bezeichnung von Elementar"teilchen") verändert wird, kann sich zum gleichen Zeitpunkt die Eigenschaft eines räumlich weit entfernten Quants ändern. Besonders erstaunlich ist dabei, dass dies zum identischen Zeitpunkt erfolgt. Eine herkömmliche Informationsübertragung wie z.B. beim Telefonieren oder Fernsehen, welche wegen der begrenzten Lichtgeschwindigkeit stets eine Zeit benötigt, liegt hier nicht vor ("Quantenverschränkung").

Im Bereich der Quantenphysik ist nicht ein genau festlegendes Ursache-Wirkungs-Prinzip wie in der klassischen Physik erkennbar. Objektive Tatsachen sind hier nicht formulierbar. Dagegen sind dynamische Beziehungsgefüge, Zufall und Möglichkeit wesentliche Kennzeichen dieser subatomaren Vorgänge.

Für all diese experimentell vielfach gesicherten Erscheinungen fehlt uns jede Alltagsanschauung. Deshalb fällt uns das Verständnis schwer. Vielleicht brauchen wir

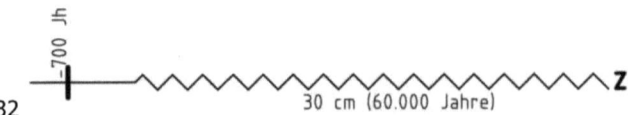

30 cm (60.000 Jahre)

noch eine abstraktere Denk- und Sprachweise in Ergänzung zur jetzigen Denk- und Sprachweise. Vielleicht wird diese nur unter Fachleuten Einzug halten. Eins ist aber jetzt schon sicher:

Die Quantenphysik hat alle Vorstellungen von einer rein materiellen Basis der Welt zumindest stark erschüttert, wenn nicht gar widerlegt.

Ist "Quanteninformation" (Information in einer stark verallgemeinerten Form mit Möglichkeiten und ohne konkrete Bedeutung) der gemeinsame Grundbaustein von Materie und Geist? In einer solchen Modellvorstellung ist z.B. Platz für Dunkle Materie und Dunkle Energie ("Protyposis-Modell" von Görnitz[1]).

Es ist heute kaum vorauszusagen, wie das quantenphysikalische Weltbild das naturwissenschaftliche ergänzen oder gar ablösen wird. Auf jeden Fall wird es aber eine Rolle in zukünftigen Weltbildern spielen.

---

[1] z.B.: Görnitz, "Die Evolution des Lebens - Licht, Leben, Bewusstsein", https://www.youtube.com/watch?v=SdnvIK9_4ks , 3.10.2020

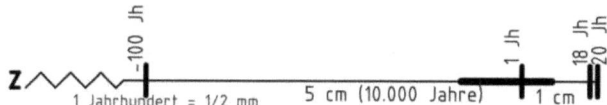

Zusammenfassung Weltbilder

- Im altertümlichen Weltbild steht die Erde als gestützte Scheibe, später als schwebende Kugel in der Weltmitte. Die Himmelsschale bildet die äußere Grenze der Welt. Die Unterwelt gilt als Reich des Todes unter der Erdscheibe bzw. in der Erdkugel. Dieses Weltbild konnte prinzipiell nach "**-700 Jh Denken**" mit der gewonnenen abstrakten Denkfähigkeit entstehen. Es verfeinerte sich aus den Erfahrungen sehr allmählich in vielfältiger Weise. In kosmischer Hinsicht wandelte es sich dann in das geozentrische Weltbild. Die drei Grundbausteine Unterwelt, Erde, Himmelsschale wurden stets beibehalten. Insofern bilden das altertümliche und geozentrische Weltbild eine Einheit mit unterschiedlichen Entwicklungsstufen. Das Ende dieses Weltbildes ist bei "**18 Jh Wiss-Techn-Ind**" erreicht.

- Vom 16. Jahrhundert an entwickelte sich über das heliozentrische Weltbild ein naturwissenschaftliches Weltbild mit Urknall, sich ausdehnendem Universum, biologischer Evolution, Relativität von Raum und Zeit. "**18 Jh Wiss-Techn-Ind**" und die Folgezeit förderten das Eindringen der jeweils bekannten wissenschaftlichen Tatsachen in das allgemeine Bewusstsein, zumindest in den Industrieländern.

-700 Jh

Z

30 cm (60.000 Jahre)

- Seit Anfang des 20. Jahrhunderts gewinnen wir Erkenntnisse im Bereich der Quanten (Elektronen, Photonen, Quarks, andere Elementar"teilchen"), welche die Vorstellungen von Materie als Grundbaustein der Welt erheblich in Frage stellen. Ein neues oder durch Quantenphänomene erweitertes Weltbild wird kommen müssen.

Zusammenfassung Denkweisen
(Wiederholung)

- Vor "**-700 Jh Denken**" existiert eine Phase rein sachlich konkreten Denkens.

- Durch die neue Fähigkeit, neben konkreten Begriffen auch sinnbildliche Begriffe im Denken (und Sprechen) zu verwenden, beginnt um "**-700 Jh Denken**" ein langer Zeitraum, in der sachlich konkretes Denken und sinnbildliches Denken eine in sich verwobene Einheit bilden. Sie geht bis etwa "**18 Jh Wiss-Techn-Ind**".

- Durch das Aufkommen naturwissenschaftlichen Denkens beginnt dann die Phase des Denkens mit zunehmend klarer Unterscheidung zwischen wissenschaftlich konkretem Denken und sinnbildlichem Denken.

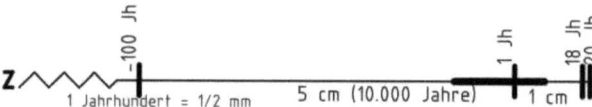

Z -100 Jh   1 Jahrhundert = 1/2 mm   5 cm (10.000 Jahre)   1 Jh   1 cm   18 Jh 20 Jh

Teil 4:
Evolution von Gottesvorstellungen

Kulte und Rituale

Die Erfahrung des Todes von Gruppenmitgliedern erzeugte im Bewusstsein irgendwann einmal das Wissen des eigenen künftigen Todes. Das war zweifellos einer der prägendsten Eindrücke, den menschliches Bewusstsein je erfahren musste. Wann das in der menschlichen Evolutionsgeschichte geschah, wird wahrscheinlich immer unbekannt bleiben. Funde belegen Grabstätten schon vor über 100.000 Jahren, das sind 1.000 Jahrhunderte, also in einer Zeit vor **"-700 Jh Denken"**. Es ist offen, ob diese Grabstätten ein Bewusstsein des eigenen Todes bei den Überlebenden bezeugen. Sie bezeugen aber auf jeden Fall eine Sorge für den Verstorbenen. Wer will, kann das bereits als eine Vorstufe von Religiosität ansehen.

Nach **"-700 Jh Denken"** war mit der Fähigkeit zu sinnbildlichen Begriffen eine unverzichtbare Basis für vielfältiges kulturelles Tun gelegt, auch für religiöses. Um diese Zeit ist das Wissen um den eigenen Tod wahrscheinlich im Bewusstsein verankert. Daneben dürften auch die Erfahrungen der ständigen Neuentstehung von menschlichem, tierischem und pflanzlichem Leben, von Tag und Nacht und von den Mondphasen grundlegende Bewusstseinsprägungen hervorgerufen haben.

Diese Hoffnung gebenden Lebenszyklen waren am ehesten geeignet, dem Todesbewusstsein etwas entgegen zu stellen. Wahrscheinlich lag darin Inhalt und Bedeutung der ersten kultischen Feiern. Kultische Feiern dienen seit ihrer Entstehung stets dazu, dem eigenen Leben Sinn und Deutung zu geben. Die angewendeten Riten dienen der ständigen Erinnerung und der Einführung von Heran-

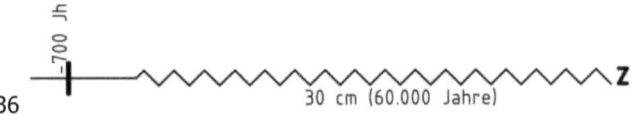

wachsenden in Sinn und Deutung des Lebens. Höhlenzeichnungen und aufgefundene Plastiken werden heute wahrscheinlich treffend als kultische Ausdrucksformen in den Riten von "Lebensfeiern" gesehen.

Geister und Götter

Vorstellungen von verborgenen guten und bösen Mächten entstanden wahrscheinlich erst später (eventuell um **"-100 Sesshaft"**), vielleicht auch parallel zur Hoffnung gebenden Deutung der Lebenszyklen. Die alltäglichen Ereignisse wie Wetter, Jagdglück, Misserfolge und manches andere verlangten während der Bewusstseinsentwicklung immer mehr nach Deutung. Ob wir die vermuteten Mächte heute als Geister oder Götter und Dämonen bezeichnen, ist unwesentlich. Wesentlich ist, dass die Vorstellung und der Glaube an solche übermenschlichen, unsichtbaren und willkürlich herrschenden Mächte gemeinsam mit den Feiern der zyklischen Lebensvorgänge an den Anfängen von Religionen stehen.

Im harten Mühen um das Überleben war es von höchster Wichtigkeit, dass gute äußere Bedingungen möglichst oft und schlechte möglichst selten auftraten. Wie konnte man hierfür die angenommenen Geister beeinflussen, wie mit ihnen etwas vereinbaren? Gegenseitige Geschenke verbessern bekanntlich die zwischenmenschlichen Beziehungen. Diese Erfahrung hatten sicher auch die damaligen Menschen bereits gemacht. Also versuchte man das auch mit den Geistern. Das Opfer an Geister, natürlich mit einem gewissen Ritus, ist wahrscheinlich so oder ähnlich entstanden. Auf jeden Fall gab es Opferkulte in verschiedenster Weise bis hin zur Opferung von Mitmenschen.

Wissen, Erzählungen und Bräuche werden von Generation zu Generation weitergegeben. Das konnte vor der

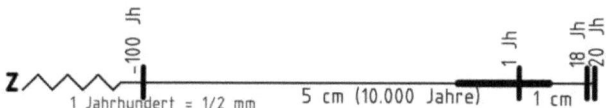

Z 1 Jahrhundert = 1/2 mm   5 cm (10.000 Jahre)   1 cm

Erfindung der Schrift nur in mündlicher Form geschehen. Die Erzählungen verbanden auch das Leben der Menschen mit dem der Geister. Diese Erzählform bezeichnen wir heute als Mythen.

Die vielfältige mündliche Überlieferung von Gottesvorstellungen, religiöser Gebräuche, Kulte und Mythen der Jäger und Sammler verdichtete sich nach **"-100 Jh Sesshaft"**. Im Zuge sich vertiefender Arbeits- und Aufgabenteilung entstanden Gruppen, die ausschließlich für religiöse Belange zuständig waren - die Priester. Nach Erfindung der Schrift um 3.000 v. Chr. begann nach 1.700 v. Chr. die Aufzeichnung von Religionsinhalten und Gottesvorstellungen im Hinduismus, ab 700 v.Chr. auch im Judentum.

Parallel dazu gab es als Nachfolger der Jäger-und-Sammler-Religionen weiterhin unzählige sonstige Stammesreligionen. Die Linien des Zusammenlaufens und Auseinanderdriftens von Religionen dürften ein unerforschbares Netz bilden. Alle eint der Glaube an Götter, das Vorhandensein von Ritualen als Kommunikationsversuch mit diesen Wesen und die Religionsweitergabe in Mythen. Opfer für die Götter sind überall Bestandteil der Rituale. Auf Ausnahmen im Buddhismus soll nur ohne Vertiefung hingewiesen werden.

Könige und Herrscher wurden nun angesehen als von den Göttern auserwählt und mit göttlichen Eigenschaften ausgestattet. Sie wurden damit zu götterähnlichen Wesen. Götter wurden zu Menschen oder Menschen zu Göttern, jedenfalls wurden die Grenzen zwischen Menschen und Göttern unschärfer. Politisch wurde damit der Machterhalt und die Stabilität der Reiche gefestigt. Die Vorstellung gotterwählter Herrscher überdauerte bekanntlich bis in die Neuzeit.

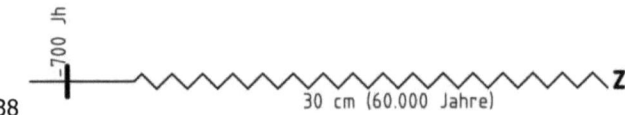

-700 Jh

30 cm (60.000 Jahre)

Griechische Antike

Zu dieser Zeit (ca. 800-400 v.Chr.) wurden die Begriffe Religion und Geist geprägt. Im Zusammenhang mit dem Beginn erster Formen von rationalem Denken wurden von kleinen Philosophengruppen die Götter nicht mehr als direkte und willkürliche Urheber aller Vorgänge angesehen, sondern es wurde nach einem göttlichen Prinzip gesucht, dem alles Geschehen unterliegt. Von einzelnen Philosophen wurden Götter auch abgelehnt.

Da die Philosophenschulen versuchten, ihr Denken innerhalb ihrer Kreise geheim zu halten, waren die unmittelbaren Auswirkungen auf die Religionsgeschichte gering. Erst Paulus und später andere christliche Theologen knüpften in mancher Hinsicht an das Denken der griechischen Philosophen an. Dabei wurden auch der Leib-Seele-Dualismus der griechischen Philosophen mit fragwürdiger Abwertung des Leibes in die christliche Theologie aufgenommen.

Der Ein-Gott-Glaube

Der Glaube an mehrere Götter wurde um 1.300 v. Chr. durch den ägyptischen Pharao Echnaton radikal auf einen Gott reduziert, dessen Sinnbild die Sonne war. Damit war ein ganz neues Gottesbild erzeugt, was wahrscheinlich später auch Auswirkungen auf die jüdische Religion mit sich brachte. Dieses Bild eines einzigen Gottes wurde allerdings nach dem Tod des Pharao von der ägyptischen Priesterschaft ganz schnell wieder verworfen. Man kehrte zum Bild der vielen Götter zurück.

Im Judentum wurde der Ein-Gott-Glaube dann aber einige Jahrhunderte später zum charakteristischen Merkmal. Zunächst wurde dieser Glaube in den mündlich überlieferten Geschichten, ab etwa 700 v.Chr., dann auch in

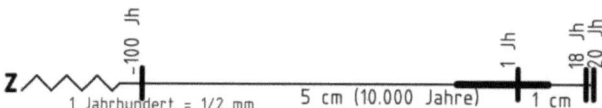

den beginnenden Aufzeichnungen festgehalten. Daraus entstand in der Folgezeit die Tora u.a. mit den Schöpfungserzählungen (auf Basis des damals aktuellen altertümlichen Weltbildes) und den 10 Geboten des einen Gottes.

Östliche Religionen

Es ist wahrscheinlich nicht verkehrt anzunehmen, dass die Religionsentwicklung im asiatischen Raum von der Besiedlung bis "**-100 Jh Sesshaft**" ähnlich wie im Mittelmeerraum verlief.

Spätestens ab 2000 v.Chr. (also ab -20 Jh., wahrscheinlich schon vorher) kam es mit der differenzierten Entwicklung der Zivilvisitation in den genannten Gebieten zu jeweils verschiedenen Entwicklung der Religionen. Das ist nicht verwunderlich, da es zwischen den Regionen keine oder nur sehr geringe Kontakte gab.

Der Hinduismus hat um 2000 v.Chr. seine ältesten bekannten Wurzeln. In ihm werden viele Gottheiten verehrt. Über diesen steht als oberster Gott Brahman. Ähnlichkeiten zum Ein-Gott-Glauben des Christentums mit untergeordneten Engeln sind durchaus vorhanden. Soziales Kastenwesen, Wiedergeburt, Erlösung am Ende der Wiedergeburten, Karma als Lehre von den Tatfolgen, Schuldbefreiung durch Flusswaschungen sind einige der wesentlichen Kennzeichen des Hinduismus. Im Allgemeinen ist diese Religion sehr tolerant gegenüber anderen Religionen. Einen Anspruch, allein im Besitz ewiger Wahrheiten zu sein, gibt es nicht.

Der Buddhismus ist um 600 v. Chr. aus dem Hinduismus hervorgegangen. Er konzentriert sich auf die reale Existenz und die Überwindung von Leid. Er kennt eigentlich keine Götter, wobei der Religionsgründer Buddha

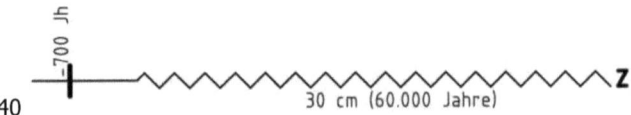

30 cm (60.000 Jahre)

allerdings oft in göttlicher Weise verehrt wird. Wiedergeburten bis zum Eingehen in das Nirwana sowie die belohn-
nenden und bestrafenden Folgen von guten und bösen
Taten entsprechen dem Hinduismus.

Der Daoismus entstand etwa um 400 v.Chr. und ist
eng mit dem Konfuzianismus verbunden. Konfuzius hat
um 550 v. Chr. mit seiner Philosophie eine Lebensweise
begründet. Im Daoismus wird eine Dreiheit oberster Götter verehrt. Das Tao wird als der nicht begreifbare Ur-
grund angesehen. Ansonsten besteht die Aufforderung
nach ausgiebigem Lernen und Einhalten von Tugenden.
Das Yin-Yang-Prinzip und Meditation sind weitere
Grundbausteine.

Alle östlichen Religionen kennen sehr vielfältige Er-
scheinungsweisen. Buddhismus und Daoimus/Konfu-
zianismus sind gegenseitig durchdrungen. Sie existieren
seit ihrer Entstehung im wesentlichen unverändert. Änderungen in Denkweise und Weltbild der westlichen Welt
nach "**18 Jh Wiss-Techn-Ind**" hatten bisher wenig
Auswirkungen. Deshalb sind sie hier nur der Vollständig-
keit halber kurz erwähnt und werden nicht weiter betrachtet.

Der jüdische Wanderprediger Jesus von Nazareth

Der eine Gott des jüdischen Volkes Jahwe (übersetzt:
"Ich bin der ich bin" oder auch "Ich bin der ich sein werde") wurde als ein "gerechter" Gott gesehen. Er lobte und
beschützte sein auserwähltes Volk der Juden, wenn sie
ihm gehorchten und er bestrafte es, wenn sie murrten oder
sich gegen ihn auflehnten. So wurden jedenfalls Erfahrungen der eigenen Geschichte gedeutet. Die 10 Gebote wurden im Laufe der Zeit durch hunderte einzelne Verhal-

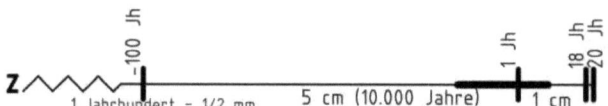

tensvorschriften (z.B. auch zu Speisen und Reinigungen) ergänzt. Sie waren konkret zu befolgen. Als auserwähltes Volk fühlten sich die Juden, weil sie glaubten, dass dieser Gott mit ihnen einen ganz besonderen Bund geschlossen habe. In ihrem Glauben erwarteten sie eine Endzeit mit dem Kommen eines Messias und der Auferstehung der Toten. Vom Messias (übersetzt Gesalbter, was Könige charakterisierte) wurde durch seine königliche und damit auch göttliche Macht eine Erlösung von allen irdischen Übeln erwartetet. Diese Glaubensinhalte prägen bis heute das religiöse Judentum, besonders in seiner orthodoxen Form.

Jesus, der Sohn eines Bauhandwerkers, lernte in seiner Kindheit diesen jüdischen Glauben kennen. Später zog er als Wanderprediger durch das Land, begleitet von einigen Anhängern. Mit seinen Predigten wollte er dem jüdischen Gottesglauben neue Richtungen geben:

- Gott sah er nicht als einen strafenden, sondern vor allem als einen liebenden Gott. Er verwendete dafür das Bild eines liebenden und zärtlichen Vaters.

- Eine logische Folge daraus war der Verzicht auf alle Opfer.

- Er wendete sich gegen die buchstabengetreue Einhaltung der vielen religiösen Vorschriften. Diese sollen im Geist eines Hauptgebotes interpretiert werden, welches in der Liebe zu Gott und gleichermaßen in der Nächstenliebe besteht.

- Er stand für absolute Gewaltlosigkeit und sprach die Feindesliebe an. Dazu ist später noch mehr zu sagen.

- Das Reich Gottes sah er nicht nur im Himmel, sondern auch in den Menschen selbst.

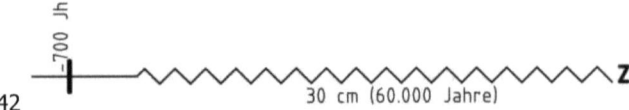

- Im Sinne der jüdischen Messiaserwartung glaubte er an eine bald beginnende Endzeit mit abschließendem Ende der irdischen Welt.

Die Predigten von Jesus wurden nur von relativ wenigen Juden zustimmend aufgenommen. Das Gesagte widersprach viel zu sehr dem traditionellen Glauben. Die jüdischen Religionsoberen lehnten seine Ideen strikt ab und warfen ihm auch Gotteslästerung vor. Die damalige römische Besatzungsmacht tolerierte die jüdische Religion, wollte aber unter keinen Umständen Unruhen im Land. Das zusammen führte schließlich für Jesus zum Tod durch Kreuzigung, der grausamsten Hinrichtungsart der Römer.

Der Beginn des Christentums mit Paulus

Jesus hat selbst keine Aufzeichnungen seiner Anliegen hinterlassen. Das geschah erst ca. zwei Jahrzehnte nach Jesu Tod durch die Briefe von Paulus. Noch etwas später (etwa vom Jahr 65 bis 110) schrieben dann Matthäus, Markus, Lukas und Johannes die vier nach ihnen benannten Evangelien nieder. Nach Jesu Tod bildete die Gruppe seiner Anhänger zunächst einen neuen jüdischen Religionszweig. Diesem schlossen sich in der Folgezeit auch Nichtjuden an. Die Trennung vom Judentum und die Geburt einer neuen Religion, des Christentums, waren die Folge.

Dabei spielte der schon erwähnte Paulus eine außerordentlich bedeutende Rolle. Er hatte Jesus zu Lebzeiten nicht selbst erlebt. Zunächst hatte er die neue jüdische Gruppe konsequent verfolgt, dann drehten sich seine Ansichten grundlegend zugunsten der Jesus-Anhänger.

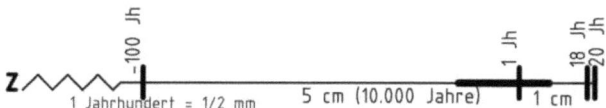

Paulus interpretierte allerdings kaum die oben skizzierten Lehren von Jesus. Er interpretierte vielmehr Leben und insbesondere Tod von Jesus:

- Jesus Tod sei das "Sühneopfer"[1] für alle schlechten Taten der Menschen zu aller Zeit.

- Durch dieses "Sühneopfer" erlangt jeder daran glaubende Mensch (Jude und Nichtjude, Mann und Frau, Freier und Sklave) bei der "Auferstehung" die "Erlösung" von aller Schuld, "Heil" und "ewiges Leben".

- Gott hat aus Liebe zu den Menschen seinen Sohn auf die Erde gesendet und ihn für die Menschen geopfert.

- Jesus wird somit "Christus", d.h. ein königgleicher Gesalbter, und "Sohn Gottes". Im Sinne des jüdischen Glaubens ist Christus der von den Juden erwartete "Messias" (=Erlöser).

Die Begriffe Opfer, Auferstehung, Messias schließen nahtlos an jüdische Religionsbegriffe an. Paulus gibt ihnen aber Inhalte, die bis heute von den gläubigen Juden abgelehnt werden.

Paulus vertritt diese Ideen vehement gegen abweichende Meinungen. Er verflucht nicht nur andere Meinungen, sondern auch die Menschen, welche andere Meinungen äußern. Nächstenliebe, wie Jesus sie anmahnte, war bei ihm höchstens gegenüber Gleichgesinnten vorhanden.

Paulus wurde der erste große Verbreiter weniger der Jesus-Lehren, als vielmehr seiner eigenen Interpretationen über Jesus. Dabei wirkte er weit über das jüdische Volk hinaus in großen Teilen des Mittelmeerraumes. Seine

---

[1] Die Anführungszeichen in dieser Zusammenfassung wurden gesetzt, weil es zentrale wörtliche Begriffe der christlichen Theologie und Lehrverkündigung sind

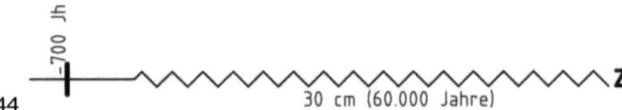

Gemeindegründungen sind der Beginn der Entstehung der christlichen Kirche.

Im 4. Jahrhundert wird das Christentum zur Staatsreligion im Römischen Reich erklärt. Damit erhielten Bischöfe, insbesondere der Bischof von Rom staatliche Machtbefugnisse. Im Gegenzug sahen sich die römischen Kaiser als oberster Bischof. Im Laufe der Geschichte erhielten dann alle Bischöfe weltliche Machtbefugnisse.

Mit der Verbindung von weltlicher und religiöser Macht war die Voraussetzung für die mehr oder weniger zwangsweise Verbreitung des Christentums gegeben. Das geschah in den folgenden Jahrhunderten erst in Europa, dann in den europäischen Kolonien und Besiedlungsgebieten.

Für Machterhaltung und -ausdehnung sind die Lehren von Jesus wenig geeignet. Die Interpretationen von Paulus dagegen stehen diesen Anliegen nicht im Wege. Sie lassen sich durch Festlegungen der Herrschenden, was Schuld sei und was nicht, sogar gut zur Einschüchterung der Untergebenen einsetzen.

Versuche, die Jesu-Lehren mehr in den Mittelpunkt zu rücken, gab es vor allem in den Ordensgemeinschaften immer wieder. Sie wurden von ganz oben immer wieder unterdrückt oder ruhig gestellt. Ein prominentes Beispiel ist der heilig gesprochene Franziskus. Er war im Volk so populär, dass die Kirchenführer fürchteten ihn zu verurteilen. Drei weniger populäre Franziskaner wurden jedoch später als Ketzer auf dem Scheiterhaufen verbrannt.

Bis heute wird in allen christlichen Kirchen ein Glaubensbekenntnis gesprochen, welches wahrscheinlich im 5. Jahrhundert ausformuliert wurde. Dieses Glaubensbekenntnis orientiert sich vollständig an den Lehren von Paulus, während die Lehren von Jesus, insbesondere sein

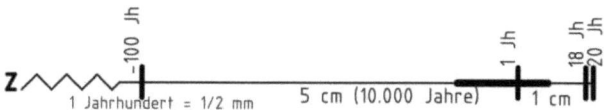

Hauptgebot zur Nächstenliebe oder gar sein Vorstoß zur Feindesliebe, mit keinem Wort erwähnt werden. Das verdeutlicht noch einmal den immensen Einfluss von Paulus auf das anfängliche bis hin zum heutigen Christentum.

Der Islam

Diese Religion wurde im 7. Jahrhundert von Mohammed gegründet. Sie basiert auf Judentum und Christentum hinsichtlich des Ein-Gott-Glaubens und des gemeinsamen (sinnbildlichen, nicht historischen) Stammvaters Abraham. Sie kann als Versuch der Vereinfachung des philosophisch hochgeschraubten paulinischen Christentums für arabische Nomadenstämme gewertet werden. Staat und Religion werden im Unterschied zum Christentum der ersten drei Jahrhunderte von Anfang an durch Mohamed als unzertrennliche Einheit angesehen. Das gilt bis heute.

Entwicklungsgeschichtlich bringt der Islam im hiesigen Zusammenhang keine grundlegend neuen Vorstellungen in die Religionen.

Wahrheitsansprüche

Solange sich die verschiedenen Religionen unabhängig von äußeren Einflüssen in den jeweiligen Siedlungsgebieten entwickelten, war eine Auseinandersetzung mit ganz anderen Religionen natürlich kein Thema. Sicher gab es immer und überall in jeder Religion unterschiedliche Meinungen in Detailfragen. Über deren Ausgleich wissen wir nichts.

Erst bei der Begegnung von Menschen verschiedener Religionen, z.B. beim Handel, musste vielleicht mit Erstaunen festgestellt werden, dass auch abweichende Got-

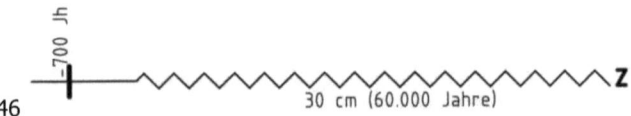

30 cm (60.000 Jahre)

tes- und Jenseitsvorstellungen existieren. Wie wurde und wird damit umgegangen?

Die östlichen Religionen sind im Großen und Ganzen ziemlich offen für andere religiöse Vorstellungen. Diese werden eher als Ergänzungen und weniger oder gar nicht als Widerspruch aufgefasst. Das zeigt sich auch darin, dass es selten feste Grenzen zwischen den einzelnen östlichen Religionen gibt und vielfältige Vermischungen als ganz selbstverständlich angesehen werden.

Die Reiche im östlichen Mittelmeerraum vor der Zeitenwende hatten alle ihre eigene Vielfalt von Göttern. Die Götter der Nachbarn kannte man mehr oder weniger. Die Idee, dass die Götter der anderen gar keine seien, war vermutlich völlig abwegig. Man hoffte, betete und opferte, um den Beistand der eigenen Götter im Frieden und im Krieg zu sichern und dass im Krieg die eigenen Götter sich als stärker erweisen mögen als die Götter des Feindes.

Mit dem Judentum begann wahrscheinlich zum ersten Mal die Frage nach der Wahrheit einer Religion in die Welt zu treten. An die Stelle eines Glaubens an viele Götter trat der Glauben an einen Gott. Alle anderen Götter wurden abgelehnt, die eigenen auf jeden Fall, die fremden in gewisser Weise durch die ausdrückliche Anerkennung eines einzigen Gottes. Hinzu kommt, dass sich die Juden als das besonders von dem einen Gott auserwählte Volk ansahen, was nach wie vor gültig ist. Das kann als gewisser Wahrheits- oder Überlegenheitsanspruch der eigenen Religion gedeutet werden. Allerdings wurden und werden andere Religionen anerkannt und eine Bekehrung Andersgläubiger zur eigenen Religion wird grundsätzlich abgelehnt.

Das Christentum mit den von Paulus geformten Inhalten vertrat erstmals in der Religionsgeschichte ausdrück-

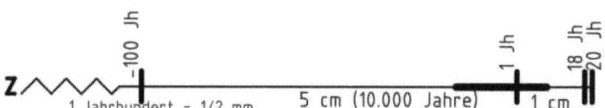

lich einen absoluten Wahrheitsanspruch. Eingeschlossen in diesen Wahrheitsanspruch ist die Überzeugung, alle anderen Menschen zu dieser Wahrheit bekehren zu müssen. Das sollte zwar durch friedliches Überzeugen geschehen, die Realität sah aber oft anders aus. Die mit dieser Ideologie begründeten Kriege, wie beispielsweise die Kreuzzüge, füllen viele Geschichtsbücher. Als sich die Christenheit in verschiedene Konfessionen (orthodox, römisch-katholisch, protestantisch) spaltete, wurde dieser Wahrheitsanspruch dann in drei sich gegenseitig bekämpfenden Formen fortgesetzt. Die schlimmste Auswirkung dessen war der Dreißigjährige Krieg. In den protestantischen Kirchen verflüchtigte sich dieser Wahrheitsanspruch nach der Aufklärung allmählich. Die römisch-katholische Konfession gab ihn offiziell um 1965 auf. In manchen Köpfen scheint er allerdings noch lebendig zu sein, allerdings jetzt ohne gewalttätige Absichten. Die orthodoxe Konfession besteht in orthodoxer Art mehr oder weniger weiterhin auf dem absoluten Wahrheitsanspruch, wobei Gewalt auch hier überwiegend geächtet ist.

Nicht zu vergessen ist in dieser Hinsicht der Islam. Mohammed übernahm formal im 6./7. Jahrhundert diesen Wahrheitsanspruch mit neuem Inhalt. Diesen legte er persönlich (nach islamischem Glauben von Allah wörtlich diktiert) im Koran nieder. Die spätere Trennung in Sunniten und Schiiten gab diesem Anspruch zwei Formen, auch sich gegenseitig bekämpfend, und zwar bis heute. Die überwiegende Mehrzahl gläubiger Muslime steht nach wie vor fest zu einer Form dieses absoluten Wahrheitsanspruchs, der auch die Bekehrung aller anderen einschließt, bei Widersetzung ausdrücklich auch mit gewalsamen Mitteln bzw. bei beständiger Weigerung mit der Todesstrafe. Unter den zu Bekehrenden, im Koran als "Ungläu-

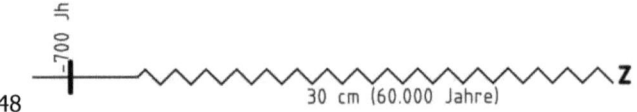

bige" bezeichnet, wird den Ein-Gott-Gläubigen, also Juden und Christen, ein gewisser Sonderstatus eingeräumt, der allerdings je nach Interessenlage unterschiedlich gehandhabt wird.

Zusammenfassung Gottesvorstellungen

- Von "**-700 Jh Denken**" an entstanden mit dem verallgemeinernden Denken auch kultische Handlungen, in denen Riten zur Feier von Lebenszyklen eine Rolle spielten. Später kamen Vorstellungen über Geister/Götter dazu, welche alle Geschehnisse direkt und willkürlich auslösten. Durch rituelle Opfer sollten sie beeinflusst werden, um den Menschen wohl gesonnen zu sein.

- Nach "**-10 Sesshaft**" entwickelten sich diese religiösen Anfänge schließlich zu einigen Weltreligionen. Diese setzten ganz unterschiedliche Schwerpunkte und Wahrheitsansprüche.

- "**1 JH Jesus**" Abschaffung von Opfern an Gott. Hauptgebot der Nächstenliebe und Hinweis auf Feindesliebe.

- Bis "**18 Wiss-Techn-Ind**" sind Gottesvorstellungen weitgehend selbstverständlich. Danach werden sie zunehmend in Frage gestellt.

- Absolute Wahrheitsansprüche von Religionen haben viele Kriege ausgelöst oder begleitet und sind auch heute vorrangig im Islam noch nicht überwunden.

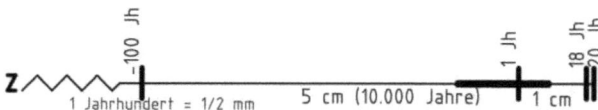

Zusammenfassung Denkweisen und Weltbilder

(eine gemeinsame Wiederholung in Kurzform kann hier nützlich sein)

- Vor "**-700 Jh Denken**" existiert eine Phase rein sachlich konkreten Denkens. Weltbildvorstellungen waren noch nicht möglich.

- Nach "**-700 Jh Denken**" konnte sich ein erstes Weltbild mit 3 Hauptbestandteilen Unterwelt, Erde, Himmelsgewölbe bilden. Es bestand in diesen Grundzügen bis "**18 Jh Wiss-Techn-Ind**". Das Denken in diesem Zeitraum ist gekennzeichnet durch eine verwobene Einheit von sachlich konkretem Denken und sinnbildlichem Denken.

- Um "**18 Jh Wiss-Techn-Ind**" entstand das heute weit verbreitete naturwissenschaftliche Weltbild mit kosmischer, biologischer und zivilisatorischer Evolution. Dieses Weltbild ist eng gekoppelt an die bewusste Unterscheidung von wissenschaftlicher und sinnbildlicher Denkweise.

- Seit Anfang des 20. Jahrhunderts stellt die Quantenphysik die Vorstellungen von Materie als Grundbaustein der Welt erheblich in Frage. Ein neues oder durch Quantenphänomene erweitertes Weltbild ist vermutlich im Entstehen.

-700 Jh

Z

30 cm (60.000 Jahre)

Teil 5: Bilanz

Zusammenhänge und Konstanten

Bei der getrennten Darstellung der Entwicklungslinien von Denkweisen, Weltbildern und Gottesvorstellungen wurde gelegentlich auf Zusammenhänge verwiesen. Wiederholte Zusammenfassungen sollten anregen, solche noch besser zu erkennen. Ohne weiteres zu erörtern, liegt es wohl auf der Hand, dass Denkweisen, Weltbilder und Gottesvorstellungen in ihrer Entwicklung voneinander abhängen und sich wechselseitig beeinflussen. Es muss aber auch festgestellt werden, dass über lange Zeiten und während vielfältiger Entwicklungen einige Kennzeichen des Denkens und der Religionen nahezu unverändert blieben.

Zusammenhänge und Konstanten sind mit den wesentlichsten Aspekten so zusammengefasst:

- Die Fähigkeit zum sinnbildlichen Denken (entstanden um **"-700 Jh Denken"**) ermöglichte in der Folgezeit, die Welt und das eigene Dasein zu deuten. Damit war die Grundlage unter anderem für Religionen gelegt.

- Konkretes und sinnbildliches Denken waren bis zur Entstehung des naturwissenschaftlichen Weltbildes (um **"18 Jh Wiss-Techn-Ind"**) eng miteinander verwoben. Die Entwicklung der Gottesvorstellungen und Weltbilder in dieser Zeit beruhten auf den Annahmen einer seit der Erschaffung im wesentlichen unveränderlichen Welt und von der Herrschaft ewiger göttlicher Mächte über diese Welt.

- Das naturwissenschaftliche Weltbild und das naturwissenschaftliche Denken entwickelten sich um **"18 Jh Wiss-Techn-Ind"** in enger gegenseitiger

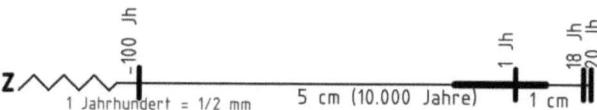

Z · · · · · · · -100 Jh · · · · · · · 1 Jahrhundert = 1/2 mm · · · · · · 5 cm (10.000 Jahre) · · · · · · 1 Jh · · · · · · 18 Jh · · 20 Jh · · · · 1 cm

Beeinflussung. Die statische Weltsicht wurde hierbei durch die Erkenntnis über die Entwicklungsprozesse von Kosmos, Leben und Zivilisation abgelöst. Naturwissenschaftliches und sinnbildliches Denken wurden zu verschiedenartigen Kategorien.

- Ein sich seit **"20 Jh Quanten"** herausbildendes quantenphysikalisches Weltbild wird vermutlich das Denken erweitern, eventuell auch neue Gottesvorstellungen erzeugen.

Konflikt Weltbild - Religion

Bis **"18 JH Wiss-Techn-Ind"** befanden sich Denkweise, Weltbild und Gottesvorstellung in weitgehender Harmonie. Veränderungen in einem der Bereiche führten ohne größere Konflikte zu entsprechenden Anpassungen der anderen Bereiche.

Mit der Entstehung der naturwissenschaftlichen Denkweise kam es dann zu einem Konflikt vor allem mit dem Christentum, jener Religion, die in den Ländern mit dieser Entwicklung dominierend war und ist. Dieser Konflikt berührte zunächst nicht die Gottesvorstellungen. Er begann um 1500 mit der Erkenntnis, dass die Erde nicht den Mittelpunkt des Kosmos bildet, also mit einer Änderung des Weltbildes. Die oberste Kirchenleitung unter dem Papst[1] sah darin einen drohenden Verlust der beanspruchten Deutungshoheit über das gesamte Dasein. Dabei war der Gesamtinhalt christlicher Lehren keineswegs in Frage gestellt. Man hatte nur angenommen, dass ein Gott, der die Menschheit als höchste Lebensform erschaffen hat, diese Menschheit auch örtlich in den Mittelpunkt

---

[1] Ab hier wird die röm.-kath. Kirche beispielhaft in den Mittelpunkt gestellt. Die anglikanische Kirche sowie die orthodoxen und evangelischen Kirchen verhielten sich ähnlich, hatten aber jeweils weniger Einfluss.

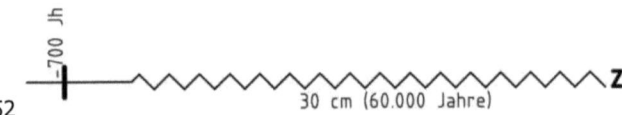

seiner Schöpfung gestellt hatte. Eine Korrektur dieser Annahme auf der Basis des neuen Weltbildes wäre relativ leicht möglich gewesen. Die Glaubwürdigkeit anderer, viel zentralerer christlicher Lehren wäre davon nicht betroffen gewesen. Die Kirchenfürsten[1] meinten jedoch, ein als abgeschlossen angesehenes Lehrsystem unveränderlich bis in die Ewigkeit bewahren zu müssen.

Nun, weitere wissenschaftliche Erkenntnisse und die parallele Entwicklung des wissenschaftlichen Denkens ließen sich durch unangebrachte religiöse Befürchtungen nicht aufhalten. Als dann Darwin um 1850 das Evolutionsprinzip des Lebens entdeckte, war der Schock in den vatikanischen Gebäuden gewaltig. Eine Änderung der Schöpfungsvorstellungen war scheinbar undenkbar. Dagegen wurde fortan mit allen Mitteln unter dem Schlagwort Antimodernismus bis etwa 1965 offiziell gekämpft. Vereinzelt finden diese Kämpfe noch heute statt.

Ein fortwährender Irrtum im Denken

Was haben die Kirchen aus diesen Fehlern gelernt? Bisher sehr wenig. Die wissenschaftlichen Erkenntnisse wurden zwar inzwischen anerkannt, ein großer Irrtum im Denken wird nach wie vor kaum wahrgenommen. Worin besteht dieser?

Bis **"18 Wiss-Techn-Ind"** bestand eine denkerische Einheit von konkreten und sinnbildlichen Begriffen. Das bedeutet selbstverständlich, dass alle Niederschriften aus den Zeiten davor nur in diesem Denken erfolgen konnten. Heute unterscheiden wir aber im Denken wissenschaftliche und sinnbildliche Aussagen. Das eine ist eindeutig, das andere ist mehrdeutig und fordert uns zu eigenen Inter-

---

[1] Es waren ja tatsächlich auch Fürsten im weltlichen Sinn.

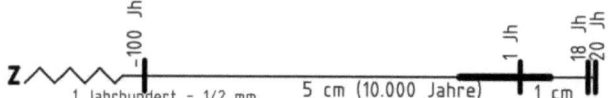

Z ⌇⌇⌇⌇ 100 Jh | 1 Jahrhundert = 1/2 mm   5 cm (10.000 Jahre) 1 cm 1 Jh 18 Jh 20 Jh

pretationen, die ganz verschieden ausfallen können. Beim Lesen aller Schriften, die vor **"18 Jh Wiss-Techn-Ind"** entstanden, also insbesondere auch der Bibel und der als heilig angesehen Schriften anderer Religionen, müssen wir die undifferenzierte Denkweise der Autoren gegenüber der heutigen berücksichtigen. Wir müssen diese Aufzeichnungen hinterfragen, ob sie von uns eher konkret oder eher sinnbildlich aufzufassen sind.

Zur Zeit von Darwin war das wissenschaftliche Denken zumindest unter den höher Gebildeten nichts Fremdes mehr. Allerdings legten die Kirchenoberhäupter an die (sinnbildlichen) biblischen Aussagen zur Schöpfung das neue Maß des wissenschaftlichen Denkens an. Die Möglichkeit, dass etwas in der Bibel sinnbildlich gemeint sein könnte, lag außerhalb ihrer Vorstellungswelt. Dieser Irrtum im Denken schwindet in verschiedenen Bereichen der Kirchen in unterschiedlicher Art und Geschwindigkeit. Teils dominiert er heute noch, teils gehört er der Vergangenheit an.

Der fortwährende Irrtum: Sinnbildliche biblische Aussagen in wissenschaftlicher Denkweise zu behandeln.

Etwas übertrieben, aber durchaus den Kern irrtümlichen Bibelverständnisses treffend, äußerte der Theologe John Dominic Crossan: "Ich sage nicht, dass die Alten wörtliche Geschichten erzählten, während wir klug genug sind, sie symbolisch zu verstehen, sondern dass sie die Geschichten symbolisch erzählten, während wir dumm genug sind, sie wörtlich zu nehmen"[1]

---

[1] Crossan, J. D.: Das Leben Jesu, 2, Aufl. 1995, ISBN: 3406385141; 9783406385148

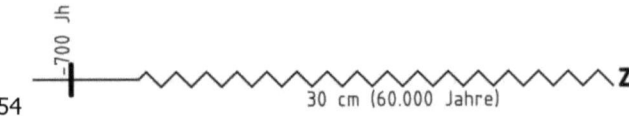

30 cm (60.000 Jahre)

Eines der deutlichsten Beispiele für diesen bis heute noch verbreiteten Irrtum im Denken ist ein Punkt im Verfahren von Heiligsprechungen. Dort wird verlangt, dass der Heiligenkandidat Wunder gewirkt hat, welche nachzuweisen sind. Dazu müssen speziell beauftragte Wissenschaftler erklären, dass es für das betrachtete Wundergeschehen keine wissenschaftliche Erklärung gibt. Falls das zutrifft, wird der Schluss gezogen, dass ein Wunder als wissenschaftliche Tatsache vorliegt. Dazu ist erstens zu fragen: Bleibt der Vorgang weiterhin ein Wunder, wenn später für das Geschehen eine wissenschaftliche Erklärung gefunden wird? Und zweitens ist als die wesentliche Kritik anzumerken: Wissenschaft und Wunder gehören auf verschiedene Denkebenen, die der Wissenschaft und die der Sinnbilder. Beides in Einheit zu denken bedeutet, in der Denkweise vor **"18 Jh Wiss-Techn-Ind"** verblieben zu sein.

Zum Denkfehler in Bezug auf Wunder kann noch einiges hinzugefügt werden. In der Bibel befinden sich mehrere Wundererzählungen. Wenn heute solche Erzählungen in der kirchlichen Verkündigung vorkommen, bleibt meist offen, ob sie als wort-wörtliche Tatsachen (also wissenschaftliche Fakten) oder als Sinnbilder zu verstehen sind. Zur Zeit der Entstehung der Bibel waren Wundererzählungen ein häufig vorkommendes literarisches Stilmittel, aufgeschrieben und verstanden mit der damaligen Denkweise (Einheit von konkret und sinnbildlich). Wer sie heute als wissenschaftlich gesicherte Tatsache ansehen möchte, müsste zumindest einige wissenschaftliche Indizien für diese Hypothese nennen können. Da das nicht möglich ist, bleiben zwei andere Möglichkeiten: Entweder wird die Wundergeschichte als wörtliche Tatsache in individueller persönlicher Überzeugung angesehen oder sie

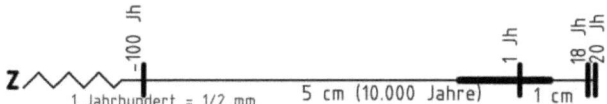

wird als auszulegendes Sinnbild betrachtet. Im ersten Fall muss der Mensch im Inneren klar kommen, wie und wann er Wunderweltsicht und wissenschaftliche Weltsicht parallel oder getrennt nebeneinander gelten lässt. Der zweite Fall, die Betrachtung von Wundern als Sinnbilder ist nicht nur möglich, sondern heute geradezu erforderlich. Sie wird dann sogar zu einer Bereicherung, wenn die Beteiligten im Bewusstsein eines Sinnbildes unterschiedliche, sich ergänzende Auslegungen vertreten.

Wunder als Tatsache im wörtlichen Sinn würden eine vorübergehende Ungültigkeit bestimmter Naturgesetze verlangen. Dazu müsste Gott direkt ins Weltgeschehen eingreifen. Diese Gottesvorstellung war im Altertum durchaus möglich, ohne in Widersprüche zum Weltbild zu geraten. Einige antike griechische Philosophen lehnten sie bereits ab. Für die Autoren der Bibel waren Wunder bei ihrer Denkweise (Einheit von Tatsachen und Sinnbildern) kein Problem. Wenn heute eine Wundererzählung, die mit einer früheren Denkweise verfasst wurde, mit wissenschaftlichem Denken als wahr angesehen wird, ist das ein Irrtum. Nitzsche erklärte deshalb diesen willkürlich in die Natur eingreifenden Gott als tot.

Das Gesagte muss auch auf das Wunder der Auferstehung von Jesus angewendet werden. Hier findet der Bibelleser sogar deutliche Hinweise, dass die Autoren eher sinnbildlich als faktisch geschrieben haben (was sie in ihrem Denken ja noch nicht unterscheiden konnten). Warum wird sonst erzählt, dass Personen, die Jesus bestens kannten, ihn nach der Auferstehung nicht erkannten? Maria aus Magdala, so wird erzählt, sah am Grab einen Gärtner (Joh 20,15). Zwei seiner Anhänger, so an anderer Stelle (Lk 24,13-35), trafen unterwegs einen vermeintlich

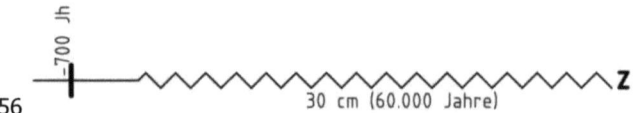

-700 Jh

30 cm (60.000 Jahre) Z

Unbekannten, mit dem sie lange gemeinsam gingen, ohne ihn als Jesus zu erkennen.

Bezüglich der Auferstehung der Toten in einer zukünftigen Welt schreibt Paulus von einem "geistlichen Leib", welcher im Gegensatz zum "natürlichen Leib" aufersteht (1.Kor 15 42-44). Deutlicher kann etwas als Sinnbild in der damaligen Denkweise kaum beschrieben werden.

Es könnten viele weitere biblische Text-Beispiele mit sinnbildlichem Charakter aufgezählt werden. Für die Schöpfungserzählungen und das weitere Alte Testament ist das vielen Christen inzwischen klar. Für die Erzählungen des Neuen Testaments bestehen immer noch große Schwierigkeiten, Sinnbilder als solche anzuerkennen. Deshalb erfolgte die Auswahl der wenigen Beispiele aus diesem Bibelteil.

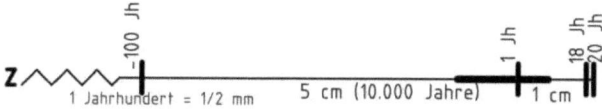

Teil 6: Zukunft des Religiösen

Im Verlauf der bisherigen Geschichte des abstrakt denkenden Menschen halfen religiöse Kulte und Riten der menschlichen Psyche, mit Grenzerfahrungen des Lebens umzugehen, insbesondere mit dem Tod. Auch heute benötigt der Mensch solche Hilfen. Das Bedürfnis zur Verarbeitung unserer aufbauenden und belastenden Gefühle kann nicht mit den wissenschaftlichen Aussagen über das "Wie" des Geschehens befriedigt werden. Auf die Fragen des "Warum" und "Wozu" können nur sinnbildliche Vergleiche und Erzählungen den oft im Unbewussten verborgenen Sehnsüchten und Befürchtungen Antworten andeuten. Wenn versucht wird, die Fragen des "Warum" und "Wozu" wissenschaftlich zu beantworten, wird der Wissenschaftsbereich verlassen und ein ideologisch-religiöser Bereich betreten. Das ist aber gegen das Wissenschaftsprinzip und nicht mehr im Kompetenzbereich von Wissenschaft.

Religion im weitesten Verständnis beinhaltet die Erzeugung und Deutung von Sinnbildern im Dienst des Lebens. Das ist auch in Zukunft unverzichtbar.

Wissenschaftliches Denken und Sprechen ist bemüht, objektive, also für alle und überall gültige Tatsachen, auszudrücken. Dagegen beruht sinnbildliches Denken und Sprechen auf subjektiven, also individuellen Überzeugungen. Das eine ist niemals durch das andere ersetzbar, was gegenseitige Beeinflussungen nicht ausschließt. Religion im weitesten Verständnis beinhaltet die Erzeugung und Deutung von Sinnbildern im Dienst des Lebens . Das ist auch in Zukunft unverzichtbar.

Was sollten künftige Religionen unbedingt enthalten?

Anforderungen aus der Zeit
nach "18 Jh Wiss-Techn-Ind"

Die als heilig angesehenen Bücher der Weltreligionen konnten nicht mit dem Anspruch verfasst werden, objektive wissenschaftliche Wahrheiten zu vermitteln. Dieser Anspruch konnte den Schriften erst mit der Entstehung des wissenschaftlichen Denkens aufgeprägt werden, irrtümlicherweise. Dieser Anspruch dient nicht der Bewältigung des Lebens in der heutigen Zeit, sondern stiftet Verwirrung im Denken. Soweit es nicht bereits geschehen ist, muss dieser Anspruch endgültig aufgegeben werden. Das ist eine erste zwingende Notwendigkeit.

Der Anspruch, objektive Wahrheiten
zu vermitteln, ist aufzugeben.

Eine zweite Forderung entsteht aus der Erkenntnis des evolutionären Charakters der Welt. Die Auslegung von verdichteten theologischen Begriffen und Sinnbildern kann nicht mehr glaubhaft vor dem Hintergrund eines statischen Weltbildes erfolgen. Der Entwicklungscharakter von Kosmos, Leben und Geist muss in allem religiösen Denken, Sprechen und Handeln berücksichtigt werden. Ein Beispiel soll das etwas illustrieren.

Der Entwicklungscharakter von Kosmos,
Leben und Geist muss in allem religiösen Denken,
Sprechen und Handeln berücksichtigt werden.

Etwa seit dem 4. Jahrhundert gibt es in der kirchlichen Lehre den Begriff der Erbsünde. Lange Zeit glaubte man, die (moralische, nicht juristische) Schuld von Eltern werde auf die Kinder vererbt, so wie eben materielle Schulden vererbt werden. Heute wird theologisch häufig so argumentiert, dass die Menschheit und damit automatisch jeder Einzelne ein gewisses Maß an Bösartigkeit, eine Ur-

schuld, in sich hat. Betrachtet man menschliche Bösartigkeit unter wissenschaftlichen Gesichtspunkten, so stellt
man fest, dass solches Verhalten oft durch Gefühle wie
Zorn, Neid, Hass, Angst, Bedrohung und ähnliches ausgelöst werden. Diese Gefühle hat der Mensch im Verlauf
seiner Evolution aus dem Tierreich mitgebracht. Die damit
verbundenen Handlungen dienten den Vormenschen und
später den aus diesen hervorgegangenen modernen Menschen wahrscheinlich weithin dem Überleben. Diese Tatsachen, auch wenn sie vielleicht Bösartigkeit nicht umfas-
send erklären, müssen in Zukunft unbedingt auch in theo-
logisch-religiöse Betrachtungen einfließen. Denn nur dann
ist es möglich, wirksame Wege und Methoden zur Ver-
minderung von Bösartigkeit aufzuzeigen. Bei einer propa-
gierten Urschuld ist das hingegen nicht möglich. Ihr gegenüber kann man sich nur ausgeliefert fühlen.

Bei der zweiten Forderung geht es nicht nur um das eine Beispiel "Erbsünde", sondern um das Einfließen von
Entwicklungserkenntnissen in alle religiösen Deutungen.
Ein gewaltiger, vermutlich sehr langer Umdenkprozess
steht hier noch bevor. Erste Ansätze dazu gibt es in der
sogenannten "Prozesstheologie".

Das Sinnbild Kommunion / Abendmahl

Der "Leib und das Blut Christi" kann im "Abendmahl"
(evangelisch) bzw. in der "Kommunion" (katholisch)
durch Gottesdienstteilnehmer empfangen werden. In den
katholischen Kirchen ist mit diesem zentralen Ritus der
Begriff vom Empfang des "Allerheiligsten" verbunden. Es
wird gelehrt, dass Brot und Wein durch das vom Priester
vollzogene Ritual in den Leib und das Blut Christi verwan-
delt werden. Für das in Einheit von Realität und Sinnbild
vollzogene Denken vor **18 JH Wiss-Techn-Ind** war

das überhaupt kein Problem. Seit der Entstehung wissenschaftlichen Denkens haben unzählige Theologen versucht, diese Wandlungslehre rational zu retten. Dabei gibt es einen ganz einfachen ersten Teil einer Lösung: Leib und Blut Christi werden als Sinnbilder aufgefasst. Obwohl das vielen Gläubigen klar ist, wagt sich bis heute kaum ein Priester oder Theologe, das einfach und eindeutig auszusprechen. Bei Erklärungen wird viel Mühe aufgebracht, mit vielen Worten und neuen Sinnbildern zu rationalen Aussagen zu kommen, die letztlich aber rational unverständlich bleiben und weiterer Auslegung bedürfen. Der fragwürdige theologische Begriff "Transsubstantiation" (lat. Wesensverwandlung) wurde durch weitere merkwürdige Wortschöpfungen wie "Transfinalisation", "Transsignifaktion" u.ä. ergänzt. Diese Wandlungslehre ist fortlebender prinzipieller Irrtum im Denken.

Wird eine Einstufung von Christi Leib und Blut als Sinnbild akzeptiert, ist der erste Schritt vollzogen. Nun muss das Sinnbild ausgelegt werden. Das ist dann die eigentliche Aufgabe. Sie würde wiederum zu einem großen Problem werden, wenn die Auslegung in den Rang einer objektiven wissenschaftlichen Tatsache gestellt würde. Das wäre dann wieder die Fortsetzung des Denkfehlers. Eine Auslegung eines Sinnbildes ist immer subjektiv. Natürlich kann angenommen werden, dass viele ähnliche subjektive Auslegungen eine gute Annäherung an die beste Aussage des Sinnbildes darstellen. Immer bleibt aber die Offenheit für ergänzende Auslegungen bestehen.

Damit komme ich zu einer Auslegung, die jeder ein bisschen teilen und jeder ein bisschen oder ganz ablehnen kann: Es gibt eine kirchliche Lehre über die "geistige Kommunion". Dieser Begriff bedeutet eine bewusste innere Zuwendung zu Ideen und Lehren von Jesus, sozusagen eine Verinnerlichung des Geistes von Jesus. Über diesen Geist wird später noch zu sprechen sein. Wer versucht, mit diesem Geist sein Leben zu gestalten, hat das Wesentliche erfasst. Der formale, also rein physikalisch-chemisch-biologische Empfang eines Brotstückes und eines Schlucks Wein, die als Sinnbilder dieser geistige Verinnerlichung stehen, ist wertlos ohne die "geistige Kommunion". Christen mit schweren Vergehen gegen das Kirchenrecht, die deswegen von der Kommunion ausgeschlossen wurden, wird die "geistige Kommunion" als "Trost" empfohlen. Wie soll eine solche "Bestrafung", also die Erlaubnis und Empfehlung des Wesentlichen und der Verbot des Sinnbildes, bewertet werden?

Vor einer Kritik an diesen Ausführungen sei empfohlen: „Der Geist ist es, der lebendig macht, das Fleisch nützt gar nichts. Die Worte, die ich zu euch geredet habe, sind Geist und sind Leben." (Joh 6:63)

Alles Religiöse ist sinnbildhaft

In der Theologie des Christentums und unter den europäischen Christen ist es heute weitgehend selbstverständlich, die Erzählungen des Alten Testaments (beginnend mit den Schöpfungserzählungen) sinnbildhaft zu verstehen und zu interpretieren. Es ist heute absurd, die Schöpfungserzählungen als naturwissenschaftliche Lehre anzusehen. Das machten auch die Menschen vor **"18 Jh Wiss-tech-Ind"** nicht. Sie konnten es gar nicht, weil sie die naturwissenschaftliche Denkweise nicht kannten. In andere biblische Erzählungen sind geschichtliche Begebenheiten eingeflossen. Aber diese Erzählungen sind kein Geschichtsbuch im modernen Sinn. Sie dokumentieren nicht geschichtliche Tatsachen. Gleiches gilt im Judentum für die Bücher der Tora (welche ja vom Christentum weitgehend als das Alte Testament übernommen wurde).

Tora bzw. Altes Testament entstanden vor etwa 2700 bis 2300 Jahren. Das Neue Testament mit den Jesuserzählungen wurde vor ca. 1900 bis 1950 Jahren verfasst. Es ist aus heutiger Sicht also nicht viel jünger und es gab vor allem in dieser Zeitspanne der gesamten Bibelentstehung keine grundlegenden Änderungen der menschlichen Denkweise. Deshalb ist es logisch angebracht, auch das Neue Testament sinnbildhaft und nicht wortwörtlich zu verstehen. Damit tun sich Christen bis heute schwer, obwohl die Theologen manche Tür dazu geöffnet haben. Allerdings ist deren Ausdrucksform in der Regel schwer verständlich. Vom Kirchenvolk über die Priesterschaft bis hin zu vielen Bischöfen werden Theologenüberlegungen wenig zur Kenntnis genommen, mitunter sogar angefeindet.

Nun, in diesem Buch wird die ganze Bibel, das Alte Testament wie das Neue Testament sinnbildlich begriffen. Für Wundererzählungen, Auferstehung, ewiges Leben, Leib und Blut Christi wurden mögliche Sinnbilddeutungen neutestamentlicher Inhalte angedeutet.

Damit stehen wir vor dem ersten Teil des Buchtitels. "GOTT - ein Sinnbild?" Dem aufmerksamen Betrachter wird das folgende Ausrufezeichen sofort aufgefallen sein. Ja, auch Gott betrachte ich als ein Sinnbild! Gleiches gilt dann selbstverständlich für solche Wortwendungen wie "Reich Gottes", "Gottes Sohn" und andere, kurz für alle religiösen Bezeichnungen. Für einige Leser klingt das vielleicht überraschend, für andere eventuell sogar schockierend und ketzerisch.

Von der Sinnbildhaftigkeit sowohl der jüdischen Tora ("Altes Testament") als auch der späteren Jesus-

Erzählungen ("Neues Testament") führt meine konsequente Logik zu einer Feststellung, die einen gewissen Umbruchcharakter aufweist.

Ja, auch Gott betrachte ich als ein Sinnbild!

Mit dieser Sichtweise sind dem atheistischen und agnostischen Denken die Grundlagen entzogen. Die Frage "Gibt es Gott?" wird sinnlos. Kein vernünftiger Mensch kann bestreiten, dass es das Wort "Gott" gibt. Kein vernünftiger Atheist und kein vernünftiger Agnostiker kann gegen die Auffassung von Gott als ein Sinnbild argumentieren. Er kann höchstens einer subjektiven Auslegung eine weitere subjektive Auslegung hinzufügen, mag sie konstruktiv oder destruktiv sein.

Eine Deutung der Sinnbilder "Reich Gottes", "Sohn Gottes" und "Gott" wird später zum Abschluss des ganzen Denkmodells anzureißen sein. Dazu ist jedoch noch eine Betrachtung zur Nächstenliebe und auch zur Feindesliebe erforderlich. Letztere fristete in der bisherigen 2000jährigen Geschichte des Christentums leider ein ganz stiefmütterliches Dasein.

Goldene Regel

Die "Goldene Regel" wird allgemein angesehen als die wohl wichtigste ethische Grundlage für gutes menschliches Zusammenleben: „Behandle andere so, wie du von ihnen behandelt werden willst." Diese Regel ist in allen bedeutenden Religionen und Weltanschauungen enthalten. Christen verwenden dafür oft das Wort Nächstenliebe. Auch viele andere Begriffe, wie z.B. Barmherzigkeit, Solidarität, Wohltätigkeit, Achtung, Fürsorge, Menschenwürde, verbinden sich in den Religionen und Weltanschauungen mit der "Goldenen Regel".

Entwicklungsgeschichtlich ist sie bereits einige Jahrtausende alt. Ihre Inhalte finden sich in den Schriften des Judentums und östlicher Denker, welche Jahrhunderte vor Jesus verfasst wurden. Diese Formulierungen zählen zu den bedeutendsten Ergebnissen der kulturellen und religiösen menschlichen Entfaltung. Kant hat es in seinem kategorischen Imperativ als höchstes ethisches Prinzip philosophisch so formuliert: „Handle nur nach derjenigen Maxime, durch die du zugleich wollen kannst, dass sie ein allgemeines Gesetz werde." Beethovens 9. Symphonie und das darin vertonte Gedicht Schillers sind entsprechende künstlerische Ausdrucksformen.

In der Vergangenheit wurde die "Goldene Regel" vor allem im kleineren, überschaubaren Rahmen, wie in der Familie und in örtlichen Gemeinschaften gelebt. Spätestens an den Grenzen von Kultur und Religion war ihr Gültigkeitsbereich zu Ende, nicht nur praktisch, sondern auch in der Auslegung der Gelehrten der Zeit.

Heute wird die "Goldene Regel" weltweit ideell anerkannt, also in Bezug auf alle Menschen. Das entsprechende Denken und Handeln über die Grenzen des Stammes, des Landes, der Nation, der ethnischen Zugehörigkeit oder der Religion / Weltanschauung hinaus ist allerdings auch heute noch viel schwächer ausgeprägt oder gar nicht vorhanden. Im Extremfall werden Menschen jenseits dieser Grenzen sogar nach wie vor als minderwertig verachtet bzw. als Feinde angesehen.

Die unzählbaren Kriege im Verlauf der Geschichte bezeugen die sehr begrenzte Handhabung der "Goldenen Regel". Inzwischen hat die Erkenntnis, dass Kriege nicht länger als legitimes Mittel der Politik gelten dürfen, eine beachtliche Verbreitung gefunden. Allerdings wird die Verletzung der "Goldenen Regel" bei psychischer Gewalt kaum geächtet. Genannt seien z.B. unfairer Handel, unwahre Propaganda, Denken in Feindbildern, Verachtung Andersdenkender, Überheblichkeit gegenüber anderen Kulturen, Religionen und Ansichten. Diese Probleme gibt es in lokalen Bereichen und noch viel mehr in globaler Hinsicht.

Feindesliebe

Die „Goldene Regel" ist für die Menschheit eigentlich schon eine riesige ethische Herausforderung, die wohl niemals perfekt verwirklicht werden kann. Vor 2000 Jahren wurde dieser Regel aber noch eine unüberbietbare Krone aufgesetzt. Jesus begnügte sich nicht mit der „Goldenen Regel". Das Neue Testament lässt den jüdischen Wanderprediger seinen Zuhörern sagen: „Es ist doch nichts besonderes, wenn ihr jene gut behandelt, die euch gut behandeln. Tut auch jenen Gutes, von denen ihr Schlechtes erwartet" (vgl. Lukas 6,32-35 und Matthäus 5,38-48). Jesus ergänzt und überhöht das Gebot der Nächstenliebe, wie die „Goldene Regel" christlich bezeichnet wird, um die „Feindesliebe". Er macht damit die „Goldene Regel" zu einer „Goldenen Regel PLUS" . Eine weitere Überhöhung ist nicht denkbar und erscheint prinzipiell unmöglich.

Ist dieser Hinweis, dieses An-Gebot der „Feindesliebe" nun eine weltfremde, unrealistische und utopische Zumutung?

Ja, die Forderung von "Feindesliebe" ist eine Zumutung für Menschen, wenn sie dabei an ein Gefühl gegenüber Feinden denken. „Feindesliebe" als Gefühl widerspricht unserer Veranlagung. Diese ist ein reales Ergebnis unserer biologisch-genetischen Evolution. Gefühle kommen aus dem Unbewussten. Die Entwicklung der entsprechenden Gehirnbereiche begann vor etwa 450 Mio. Jahren im Stadium von Reptilien. Entsprechend tief sind diese Veranlagungen in der gesamten höheren Tierwelt und auch in uns verwurzelt. Die menschliche Hervorbringung solcher Gefühle wie Vorsicht, Misstrauen, Zorn oder Hass gegenüber möglichen oder tatsächlichen Feinden war und ist teils überlebensnotwendig, teils vorteilhaft, teils aus konkreten Umständen heraus durchaus verständlich. Sympathie für Feinde als Gefühl zu verlangen, ist wider die biologische Natur des Menschen.

Wann kann ein Mensch also sagen: „Feindesliebe" ist möglich und realistisch oder gar notwendig? Der Schlüssel dafür liegt in dem, was im Evolutionsprozess in unserem Gehirn vor ca. 1,5 Mio. Jahren ganz langsam begann: Im rational-analytischen Denken und in unserem damit mühsam schrittweise gewonnenen Wissen.

Die heutige Psychologie lehrt uns, dass es keine richtigen und falschen Gefühle gibt. Gefühle sind einfach ungewollt da. Das haben Mensch und Tier gemeinsam oder anders gesagt: auch hier befindet sich "etwas Tier im Menschen" (vielleicht auch noch sehr viel). Deshalb ist es sinnlos, Gefühle zu verurteilen. Etwas anders sieht es aber nach dem Auftreten von Gefühlen auf. Da hat jeder Mensch im Gegensatz zum Tier Handlungsmöglichkeiten: entweder sich dem Gefühl "blind", also gedankenlos hinzugeben oder mit dem Gefühl bewusst umzugehen. Die Psychologie unterscheidet positive und negative Gefühle, was nichts mit richtig und falsch zu tun hat. Beispiele positiver Gefühle sind: Freude, Zuversicht, verliebt sein, usw. Beispiele negativer Gefühle sind: Ärger, Wut, Niedergeschlagenheit, ... Das genüssliche Verweilen in positiven Gefühlen sollte jeder pflegen. Es ist gut für uns selbst und für die Mitmenschen. Dabei auf Dauer den Verstand auszuschalten, ist aber sicher auch nicht empfehlenswert.

Mir feindlich gesinnte Menschen lösen in mir im Regelfall negative Gefühle wie Verachtung, Zorn und Hass aus. Es ist dann Aufgabe für das Denken, diese Gefühle zu bändigen und zu wandeln. Sonst drohen sie, für andere und uns selbst gefährlich zu werden.

Die evolutionsgeschichtlich ersten Denkfähigkeiten sind 300 mal jünger als die ersten Fähigkeiten zu Gefühlen (seinerzeit bei Reptilien). Es sollte uns wegen der genetisch viel älteren Einprägung der Gefühlswelt nicht mutlos machen, wenn das viel jüngere Denken gegenüber negativen Gefühlen ab und zu (oder auch sehr oft) unterlegen bleibt. Die Herausforderung ist keine leichte, aber ihre Bewältigung ist grundsätzlich möglich. Damit ist auch rationale „Feindesliebe" eine reale Möglichkeit.

Wenn in großen Menschheitsdeklarationen die Gleichheit aller Menschen gefordert wird, so hat damit auch der Gegner oder Feind die gleiche Menschenwürde wie jeder andere. Das muss gedanklich erst einmal strikt von dessen Einstellungen und Handlungen getrennt werden. Diese Tatsache muss mein Verstand meinen Gefühlen auch immer wieder neu vermitteln. Erst dann wird es möglich, in Bezug auf den Gegner oder Feind nach konkreten praktischen Handlungsmöglichkeiten zu suchen.

Um Konfliktsituationen zu mildern, muss ich dem Gegner oder Feind zumindest etwas Wohlwollen und einen gewissen begrenzten Vertrauensvorschuss gewahren, soweit ich das rational denkend verantworten kann. Ein blindes Sich-Selbst-Ausliefern an den möglichen oder tatsächlichen Feind wäre unverantwortlich gegenüber mir selbst oder auch gegenüber denen, die ich eventuell zu schützen habe. Keiner braucht einen Nächsten oder gar einen Gegner oder erst recht nicht einen Feind mehr lieben als sich selbst. Die oft zitierte Wendung "die andere Wange hinhalten" (Matt 5,39) muss im Gesamtzusammenhang als sinnbildliche Überspitzung betrachtet werden. Derartige Überspitzungen finden sich mehrfach in den überlieferten Jesusworten. Mögliche Auslegungen dazu könnten zum Beispiel sein: eine Beleidigung oder einen Faustschlag nicht in gleicher oder gar gesteigerter Art zurückgeben bzw. gewaltfreier Widerstand gegen offensichtliches Unrecht, wie von Gandhi oder Martin Luther King praktiziert.

Wohlwollen und Vertrauensvorschuss weisen eine Richtung zu einer souveränen "Feindesliebe". Sie besteht darin, dass der Mensch sich einem vom anderen inszenierten Feindesspiel verweigert. Wenn der andere mir eine feindliche Gesinnung zeigt und ich mich ganz bewusst weigere, ihn als Feind anzusehen, dann bin ich der Souverän der Situation. Noch mal zur Wiederholung: Ihn nicht als Feind zu sehen und als solchen zu behandeln, bedeutet nicht, ihn alles gewähren zu lassen. Feindliche Gesinnungen und feindseliges Handeln erfordert Zurechtweisung und Verteidigung, notfalls auch mit Gewalt. Die Zurechtweisung und Verteidigung wird aber anders ausfallen, wenn ich den (vielleicht nur vermeintlichen) Feind als meinen Gegner oder als (potentiellen) Freund ansehe, als wenn ich ihn von mir aus ebenfalls zum Feind erkläre. Das ist **die** Herausforderung an den kühlen, rationalen und kritischen Verstand und an die Verantwortungsbereitschaft des Gewissens.

Ziel dieser Einstellung ist es, dass der Feind zum Gegner und der Gegner zum Nächsten oder letztlich sogar zum Freund werden kann. Die Möglichkeit, dass das nicht gelingt, ist kühl einzukalkulieren.

Goldene Regel PLUS

„Feindesliebe" in diesem Sinn bzw. der oben schon gebrauchte und weniger missverständliche Ausdruck „Goldene Regel PLUS" ist also real möglich. Sie ist aber nicht nur möglich, sondern für eine bessere Welt sogar dringender denn je erforderlich. Warum? Weil sie die wirkungsvollste Möglichkeit ist, um in allen lokalen bis globalen Lebensbereichen vorhandene Spiralen von Verachtung, Demütigung, Hass und Gewalt von den Wurzeln her zu mildern, umzukehren und zu wandeln.

Das geht natürlich niemals kurzfristig, sondern ist ein längerfristiger, ja sicherlich ein nie endender Prozess. Dabei müssen Rückschläge als normal gedeutet werden, weshalb geduldiges Vertrauen auf das Endziel eines tiefen Friedens unabdingbar ist, auch wenn dieses ein praktisch unerreichbares Ziel ist. Es kommt nicht darauf an, das Ziel endgültig zu erreichen, sondern geduldig auf das Ziel hin zu wirken.

Die „Feindesliebe"/„Goldene Regel PLUS"
ist die wirkungsvollste Möglichkeit, um in
allen lokalen bis globalen Lebensbereichen
vorhandene Spiralen von Verachtung,
Demütigung, Hass und Gewalt
von den Wurzeln her zu mildern,
umzukehren und zu wandeln.

Der Formulierung von „Feindesliebe"/„Goldene Regel PLUS" durch Jesus verdankt das Christentum einen einzigartigen kulturellen Schatz, der so nicht in anderen Religionen und Weltanschauungen vorkommt. Wir finden zwar auch in anderen Religionen Aussagen, die an „Feindesliebe"/„Goldene Regel PLUS" anklingen. Jesus aber gebührt das Verdienst, dieses Vorläufergedankengut so gebündelt zu haben, dass „Feindesliebe"/ „Goldene Regel PLUS" zu einem der bedeutendsten Kulturgüter der Menschheit wurde, allerdings bisher weitgehend unbeachtet bzw. falsch verstanden.

In diesem geschilderten Sinn ist die Feindesliebe bzw. die Goldene Regel PLUS keine Utopie, sondern eine begründete Möglichkeit mit hoher Notwendigkeit.

Mit dieser Feststellung allein ist keine Besserung im gegenseitigen Verhalten zueinander erreicht. Eine Umsetzung erfordert sicherlich Mühe über zig Generationen, wobei praktikable und detaillierte Anregungen zum Tun wohl nur im Zusammenwirken von Sozialwissenschaften, Psychologie, Theologie, Hirnforschung und weiteren gestaltet werden können.

Dabei ist immer wieder zu beachten, dass „Feindesliebe"/„Goldene Regel PLUS" ausschließlich eine Anforderung an das eigene Gewissen, den eigenen Verstand und die eigene Verantwortung sein muss. Die Einforderung dieser Einstellung von anderen dürfte eher kontraproduktive Wirkung hervorrufen. Jesus hat hier übrigens auch nicht von einem Gebot gesprochen.

Vergleich der Botschaften von Jesus und Paulus

Im Abschnitt über die Entwicklung der Gottesvorstellungen sind die Unterschiede in den Aussagen von Jesus und den Auslegungen von Paulus bereits genannt worden. Zur Erinnerung hier nochmals die Auflistungen:

Jesus:

- Gott sah er nicht als einen strafenden, sondern vor allem als einen liebenden Gott. Er verwendete dafür das Bild eines liebenden und zärtlichen Vaters.

- Eine logische Folge daraus war der Verzicht auf alle Opfer.

- Er wendete sich gegen die buchstabengetreue Einhaltung der vielen religiösen Vorschriften. Diese sollen im Geist eines Hauptgebotes interpretiert werden, welches in der Liebe zu Gott und gleichermaßen in der Nächstenliebe besteht.

- Er stand für absolute Gewaltlosigkeit und sprach die Feindesliebe an.

- Das Reich Gottes sah er nicht nur im Himmel, sondern auch in den Menschen selbst.

- Im Sinne der jüdischen Messiaserwartung glaubte er an eine bald beginnende Endzeit mit abschließendem Ende der irdischen Welt.

Paulus:

- Jesus Tod sei das "Sühneopfer"[1] für alle schlechten Taten der Menschen zu aller Zeit.

- Durch dieses "Sühneopfer" erlangt jeder daran glaubende Mensch (Jude und Nichtjude, Mann und Frau, Freier und Sklave) bei der "Auferstehung" die "Erlösung" von aller Schuld, "Heil" und "ewiges Leben".

- Gott hat aus Liebe zu den Menschen seinen Sohn auf die Erde gesendet und ihn für die Menschen geopfert.

- Jesus wird somit "Christus", d.h. ein königgleicher Gesalbter, und "Sohn Gottes". Im Sinne des jüdischen Glaubens ist Christus der von den Juden erwartete "Messias" (=Erlöser).

---

[1] Die Anführungszeichen in dieser Zusammenfassung wurden gesetzt, weil es zentrale wörtliche Begriffe der christlichen Theologie und Lehrverkündigung sind

Das von Jesus erwartete baldige Ende der Welt ist nicht eingetreten. Hier irrte er. Das ist menschlich nicht ungewöhnlich. Sein Eintreten für Gewaltfreiheit, faire Behandlung des Nächsten (im Sinn der Goldenen Regel) und sogar des Feindes (im Sinne der Goldenen Regel PLUS) dürfte von den allermeisten Menschen in allen Teilen der Welt als wertvoll anerkannt werden. Wer das in seinem Leben verwirklichen will, der glaubt an Jesus. Wie er zu den Interpretationen von Paulus steht, ob er diese wortwörtlich, sinnbildlich oder gar nicht anerkennt, ist eine persönliche Ansicht. Für die gesamte Menschheit ist diese subjektive Auffassung zu den Paulus-Lehren gegen-über der potentiellen Wirkmächtigkeit der Goldenen Regel PLUS von nachrangiger Bedeutung.

Zentrale Sinnbild-Deutungen

Nachdem das Wichtigste dargelegt ist, können zum Ausklang noch ein paar Auslegungen zu zentralen Sinnbil-dern ansatzweise vorgeschlagen werden.

Was kann als "Reich Gottes" gelten? Dort, wo Gott herrscht, im Himmel. Das ist eine nicht unübliche Erklä-rung, in der gleich drei neue Sinnbilder auftreten: Gott, Gottesherrschaft und Himmel. Dieses Auslegungsmuster, wo ein Sinnbild durch andere Sinnbilder erklärt wird, ist häufig in Predigten und anderen kirchlichen Verkündi-gungen anzutreffen. Bei der Deutung von "Reich Gottes" sollte die überlieferte Aussage von Jesus "das Reich Got-tes ist mitten unter euch" (Lk 17,21) beachtet werden. Zusammen mit seinem Hinweis zur Feindesliebe kann gefolgert werden: Das Reich Gottes ist dann unter den Menschen, wenn diese sich bemühen nach der "Goldenen Regel PLUS" zu leben. Wenn dieser sicher niemals voll-kommene Zustand sich immer weiter ausbreiten würde, wäre das ganz gewiss eine enorme Verbesserung im menschlichen Leben, ein Stück mehr Göttliches unter uns. Auch wenn dieses Göttliche auf Erden immer unvollkommen bleiben wird, so wäre ein langsames Wachsen aber schon eine echter Gewinn. Der immer vage bleibende vollkommene Zustand des Gottesreiches im himmlischen Jenseits (wofür steht dieses Sinnbild?) könnte dann in den Hintergrund treten, von einigen vielleicht weiter erhofft im wortwörtlichen Sinn oder sinnbildlich, von anderen vielleicht ganz außer Acht gelassen.

Die Bezeichnung von Jesus als <u>Sohn Gottes</u> wird in den Kirchen oft als undiskutables Dogma hingestellt. Als Sinnbild verliert diese Bezeichnung seinen dogmatischen Rang. Eine Auslegung dieses Sinnbildes könnte zum Beispiel so erfolgen: Es ist ein Ehrentitel, welcher Jesus deshalb zusteht, weil dieser Mensch der Menschheit ein göttliches Werkzeug zur Bewältigung von Konflikten gegeben hat: die Goldene Regel PLUS.

Nun zum 2. Teil der Titelfrage dieses Büchleins. Wofür steht das <u>Sinnbild Gott</u>? In der menschlichen Geschichte dienten Kulte, Riten und Gottesvorstellungen als Hilfen für eine positive Lebenseinstellung gegenüber dem Tod. Das Leben war die allerlängste Zeit für die allermeisten Menschen geprägt von hoher Säuglings- und Kindersterblichkeit, unergründlichen Krankheiten, harter Arbeit, die oft kaum zum Lebensunterhalt reichte, ständigen Kriegen und manch anderem Leiden. Die Lebensmöglichkeiten, die es heute in den Industrieländern und zunehmend auf der ganzen Welt gibt, existierten bis vor relativ kurzer Zeit nicht in den kühnsten Phantasien. Hoffnungen auf Überwindungen des vielen Leids konnten kaum vom Leben im Hier und Heute erwartet werden (Ausnahme bei Wiedergeburt im Buddhismus, eventuell auch in anderen östlichen Religionen). Diese Hoffnungen mussten überwiegend auf ein Jenseits gerichtet sein. Dieser Zwang milderte sich mit der Wohlstandsentwicklung immer mehr. Damit wenden sich die Hoffnungen vom vagen Jenseits zunehmend auf Verbesserungen des Lebens im realen Hier und Jetzt. Trotzdem bleiben Enttäuschungen und Leid ständige Lebensbegleiter im unmittelbaren Umfeld wie im großen Weltgeschehen. Ein wesentliches Werkzeug zur Minderung dessen kann die Goldene Regel PLUS sein. Wer ihr folgt, trägt zur Vermehrung des Göttlichen in der Welt bei. Gott kann damit als ein Sinnbild für Liebe (nicht in gefühlsmäßig erotischer Weise, sondern als rationale Einstellung) in der Art der Goldenen Regel PLUS angesehen werden. Sollte es nicht Aufgabe vor allem der Christen und ihrer Organisationsformen sein, dieses Sinnbild viel stärker in das gesellschaftliche Bewusstseinszentrum zu rücken und vorrangig an deren Ausbreitung zu wirken?

Gott kann damit als ein Sinnbild für Liebe
(nicht in gefühlsmäßig erotischer Weise,
sondern als rationale Einstellung)
in der Art der Goldenen Regel PLUS
angesehen werden.

Natürlich bleibt am Ende der Tod jedes Menschen. Sinnbilder für ein vages Danach werden nach wie vor von den Einen reichlich gepflegt und von Anderen verdrängt. Diese vagen Sinnbilder könnten an Bedeutung verlieren, je mehr das reale und Erfolg versprechende Sinnbild von der Göttlichkeit der Goldenen Regel PLUS von uns Menschen verwirklicht wird. Warum sollten die Menschen vorrangig auf einen vagen Zustand im Jenseits hoffen, wenn der jetzige irdische Zustand ganz gewiss durch sie selbst in Richtung von Heilszuwachs verbessert werden kann?

Abschließende Gedankensplitter

Das "Reich Gottes" kann also im Hier und Heute wachsen, wenn Menschen es wollen und sich dafür einsetzen. Göttlichkeit auf der Erde kann so wachsen, wie sich der Einfluss der Goldenen Regel PLUS ausbreitet. Das passt zum theologischen Gedanken vom **"Gott im Werden"**.

Wie werden wir erlöst? Im Christentum nach Paulus sind wir von vornherein durch Jesu Tod endgültig erlöst, allerdings sollen wir das erst nach dem Tod im Jenseits bzw. der Ewigkeit erfahren. Jenseits und Ewigkeit sind Sinnbilder für außerhalb des kosmischen Raumes bzw. außerhalb der kosmischen Zeit. Eigenes Tun kann dazu nichts beitragen (Rechtfertigungslehre).

In den östlichen Religionen wird an endgültige Erlösung durch eigenes positives Tun im Verlauf mehrerer Wiedergeburten bei Eingang ins Nirwana geglaubt. Nirwana kann sinnbildlich als Zusammenfassung von Jenseits und Ewigkeit angesehen werden.

Warum sollte eine beginnende Erlösung nicht schon im irdischen Leben angestrebt werden, wo doch eine Erlösung im Nirwana, in Ewigkeit und Jenseits vage ist? Keine Frage, mit einer wachsenden Orientierung an der Goldenen Regel PLUS würde zweifellos eine sich verbreitende Erlösung von vielen Missständen einher gehen. Jesus hat diesen Wegweiser aufgestellt, den die Kirchen weitgehend unbeachtet ließen. Menschliches Denken und Handeln kann diesem Wegweiser folgen. Ob eine erhoffte oder bezweifelte Vollendung der Erlösung dann im Nirwana, in Ewigkeit und Jenseits erfolgt, sollte unsere irdische Haltung zu einer beginnenden Erlösung nicht beeinflussen.

Gelegentlich wird in kirchlichen Beiträgen erwähnt, das **Gott keine anderen Hände hat als die der Menschen**. Das passt ganz zur einzig möglichen Ausbreitung der Goldenen Regel PLUS, wobei noch eine logische Ergänzung dazu gehört: **Gott hat auch keinen anderen denkenden Geist als den der Menschen.**

Hat Gott die **Welt erschaffen?** Die Frageformulierung basiert auf einem statischen Weltbild und ist deshalb nicht mehr brauchbar. Die Frage muss heute lauten: Wodurch wurde die kosmische Evolution beim (höchstwahrscheinlichen) "Urknall" gestartet und woher kommen die grundlegenden Naturkonstanten und Evolutionsregeln? Zu letzteren gehört die Tatsache der ständig wachsenden Komplexität im Verlauf der kosmischen, biologischen und geistigen Evolution. Es ist vage, hinter der Evolution mit ihrem beständigen Komplexitätszuwachs entweder einen persönlichen Gott oder ein göttliches Prinzip anzunehmen oder andererseits abzulehnen. Subjektive Überzeugungen von einer Schöpfergöttlichkeit, welche vielleicht auch ein Ziel der Evolution beinhaltet, sind legitim, aber nicht zwingend. Allerdings ist die Beantwortung dieser Frage so oder so für die Lebensgestaltung ziemlich unbedeutend. Die Antworten sind einfach ideologische Konstrukte. Sie sind weder beweisbar noch widerlegbar.

Im Zuge des tieferen Verständnisses der **Quantenphysik** ist es möglich und auch nötig, dass die Grundbausteine der Welt nicht mehr materiell, sondern in jeweils gewisser Weise nichtmateriell, geistig oder informationsbasiert gedeutet werden. Vielleicht sind Antworten auf diese Fragen auch prinzipiell der menschlichen Erkenntnisfähigkeit entzogen. Erinnert sei auch an die insgesamt 95% des Universums, welche aus dunkler Materie und dunkler Energie bestehen, über die wir so gut wie nichts wissen. Ob in diesen Bereichen **Sinnbilder für Gott und andere religiöse Hoffnungen** gesucht werden, sollte unter dem Gesichtspunkt geschehen, ob sie einer besseren Gestaltung unseres Zusammenlebens im Kleinen wie im Großen dienen können.

Wiederholung von Kernsätzen

(vielleicht hat der Leser auch eigene)

Das verwobene Denken von konkreten und sinnbildlichen Inhalten dauerte in seiner prinzipiellen Art den langen Zeitraum von "-700 Jh Denken" bis "18 Jh Wiss-Techn-Ind".

Mit Darwin war die ehemalige, im wesentlichen statische Weltsicht endgültig zu Ende. Von nun an war klar: Die ganze Welt befindet sich in einem vielfältigen dynamischen Entwicklungsprozess.

Die Quantenphysik hat alle Vorstellungen von einer rein materiellen Basis der Welt zumindest stark erschüttert, wenn nicht gar widerlegt.

Der fortwährende Irrtum: Sinnbildliche biblische Aussagen in wissenschaftlicher Denkweise zu behandeln.

Religion im weitesten Verständnis beinhaltet die Erzeugung und Deutung von Sinnbildern im Dienst des Lebens. Das ist auch in Zukunft unverzichtbar.

Der Anspruch von Religionen, objektive Wahrheiten zu vermitteln, ist aufzugeben.

Der Entwicklungscharakter von Kosmos, Leben und Geist muss in allem religiösen Denken, Sprechen und Handeln berücksichtigt werden.

Ja, auch Gott betrachte ich als ein Sinnbild!

Die „Feindesliebe"/„Goldene Regel PLUS" ist die wirkungsvollste Möglichkeit, um in allen lokalen bis globalen Lebensbereichen vorhandene Spiralen von Verachtung, Demütigung, Hass und Gewalt von den Wurzeln her zu mildern, umzukehren und zu wandeln.

Gott kann als ein Sinnbild für Liebe
(nicht in gefühlsmäßig erotischer Weise,
sondern als rationale Einstellung)
in der Art der Goldenen Regel PLUS
angesehen werden.

Nachwort

Diese Aufzeichnungen sind mein skelettartiges Denkmodell. Es ist subjektiv und beansprucht nicht, eine objektive Wahrheit zu sein. Das Modell erscheint mir widerspruchsfrei zum aktuellen Weltbild und zur aktuellen Denkweise. Es ist offen für prinzipielle Ergänzungen. Auch die angerissenen Deutungen von Sinnbildern sind offen für weitere Deutungen. Als Kriterium aller Erweiterungen sehe ich die Widerspruchsfreiheit von Denkweise, Weltbild und Gottesvorstellungen.

Falls sich jemand in seinen religiösen Überzeugungen verletzt fühlt, so ist dieses Gefühl ohne meine Absicht entstanden. Abschließend hoffe ich, die Lektüre regt zur nachdenklichen Auseinandersetzung an.

Literatur

Die Aufstellung enthält Arbeiten, aus denen wesentliche Gedanken für eigene Formulierungen übernommen wurden.

Halbfas, H.: Die Bibel erschlossen und kommentiert von H.H. (2001), ISBN 3491703344

Harari.Y.N: Eine kurze Geschichte der Menschheit (2013), ISBN 978-3-421-04595-9

Herbig, J.: Der Fluss der Erkenntnis: vom mythischen zum rationalen Denken (1991), ISBN 978-3-455-08419-1

Kutschera, F.: Die Anfänge der Philosophie - eine Einführung in die Gedankenwelt der Vorsokratiker (2018), ISBN 978-3-95743-121-9

Urban, O.H.: Religion der Urgeschichte, in Figl, J.: Handbuch Religionswissenschaft (2003), ISBN 3 525 50165 X, S.88-103

Vierzig, S.: Mythen der Steinzeit (2009), ISBN 978-3-8142-2160-1

Zahrnt,H.: Glauben unter leerem Himmel (2000), ISBN: 9783492042123

Zwecker, L.: Was bisher geschah - Eine kleine Weltgeschichte (2010), ISBN 978-3-570-55127-1